中國飲食文化史　長江中游地區卷·上冊

The History of Chinese Dietetic Culture
Volume of the Middle Reaches of the Yangtze River

感　謝

北京稻香村食品有限責任公司對本書出版的支持

中國農業科學院農業信息研究所對本書出版的支持

浙江工商大學暨旅遊學院對本書出版的支持

黑龍江大學歷史文化旅遊學院對本書出版的支持

飲其流者
懷其源

The History of Chinese Dietetic Culture

1. 新石器時代晚期灰陶鬹，江西出土
（江西省博物館網站）※

2. 商代晚期青銅四羊方尊，湖南
寧鄉出土（楚學文庫存）

3. 商代銅尊，湖北黃陂盤龍城
出土（湖北省博物館、湖北
省文物考古研究所網站）

4. 西周馬紋銅簋，湖南桃江縣連河沖
金泉村出土（湖南省博物館網站）

5. 戰國青銅炙爐，湖北隨縣曾侯乙墓出
土（湖北省博物館、湖北省文物考古
研究所網站）

6. 戰國升鼎，湖北隨縣曾侯乙墓出土（國家數字文化網全國文化信息資源共享工程
主站）

※　編者註：書中圖片來源除有標註者外，其餘均由作者提供。對於作者從網站或其他出版物等途徑獲得的圖片也做了
標註。

1. 戰國冰鑒，湖北隨縣
   曾侯乙墓出土（湖北
   省博物館、湖北文物
   考古研究所網站）

2. 商代銅斝，湖北黃陂盤龍城出土
   （湖北省博物館、湖北省文物考
   古研究所網站）

3. 西漢食案和竹箸，湖南長沙馬王堆漢墓出土（《中國箸文化大觀》，
   科學出版社）

4. 湖南長沙馬王堆三號墓 T 形
   帛畫上的《宴飲圖》（湖南
   省博物館網站）

1. 戰國漆鴛鴦豆復原件，
   湖北江陵楚墓出土

2. 東漢綠釉船形陶灶，湖南長沙地質局子弟學
   校出土（湖南省博物館網站）

3. 南宋鏨刻雙魚紋銀盤（江西省博
   物館）

4. 江西景德鎮明代青花束蓮盤（國
   家數字文化網全國文化信息資源
   共享工程主站）

5. 19世紀九江街頭賣清湯
   的小販（1868年約翰·
   湯普森拍攝的老照片）

1. 民國初美國醫生胡美鏡頭下的老長沙吹
   糖人（《長沙晚報》2012年4月1日版）

2. 湖北名菜──黃州東坡肉（《傳統與新潮
   特色菜點叢書》，農村讀物出版社）

3. 武漢風情──湯包館（《老武漢風情》，中國時代經濟出版社）

4. 江西贛南春節食俗──打
   黃元米餜（CCTV.com，
   項火攝影）

序言

鴻篇巨帙　繼往開來
——《中國飲食文化史》（十卷本）序

　　中國飲食文化是中國傳統文化的重要組成部分，其內涵博大精深、歷史源遠流長，是中華民族燦爛文明史的生動寫照。她以獨特的生命力佑護著華夏民族的繁衍生息，並以強大的輻射力影響著周邊國家乃至世界的飲食風尚，享有極高的世界聲譽。

　　中國飲食文化是一種廣視野、深層次、多角度、高品位的地域文化，她以農耕文化為基礎，輔之以漁獵及畜牧文化，傳承了中國五千年的飲食文明，為中華民族鑄就了一部輝煌的文化史。

　　但長期以來，中國飲食文化的研究相對滯後，在國際的學術研究領域沒有占領制高點。一是研究隊伍不夠強大，二是學術成果不夠豐碩，尤其缺少全面而系統的大型原創專著，實乃學界的一大憾事。正是在這樣困頓的情勢下，國內學者勵精圖治、奮起直追，發憤用自己的筆撰寫出一部中華民族的飲食文化史。中國輕工業出版社與撰寫本書的專家學者攜手二十餘載，潛心勞作，殫精竭慮，終至完成了這一套數百萬字的大型學術專著——《中國飲食文化史》（十卷本），是一件了不起的事情！

　　《中國飲食文化史》（十卷本）一書，時空跨度廣遠，全書自史前始，一直敘述至現當代，橫跨時空百萬年。全書著重敘述了原始農業和畜牧業出現至今的一萬年左右華夏民族飲食文化的演變，充分展示了中國飲食文化是地域文化這一理論學說。

　　該書將中國飲食文化劃分為黃河中游、黃河下游、長江中游、長江下游、東

南、西南、東北、西北、中北、京津等十個子文化區域進行相對獨立的研究。各區域單獨成卷，每卷各章節又按斷代劃分，分代敘述，形成了縱橫分明的脈絡。

全書內容廣泛，資料翔實。每個分卷涵蓋的主要內容包括：地緣、生態、物產、氣候、土地、水源；民族與人口；食政食法、食禮食俗、飲食結構及形成的原因；食物原料種類、分布、加工利用；烹飪技術、器具、文獻典籍、文化藝術等。可以說每一卷都是一部區域飲食文化通史，彰顯出中國飲食文化典型的區域特色。

中國飲食文化學是一門新興的綜合學科，它涉及歷史學、民族學、民俗學、人類學、文化學、烹飪學、考古學、文獻學、食品科技史、中國農業史、中國文化交流史、邊疆史地、地理經濟學、經濟與商業史等學科。多學科的綜合支撐及合理分布，使本書具有頗高的學術含量，也為學科理論建設提供了基礎藍本。

中國飲食文化的產生，源於中國厚重的農耕文化，兼及畜牧與漁獵文化。古語有云：「民以食為天，食以農為本」，清晰地說明了中華飲食文化與中華農耕文化之間不可分割的緊密聯繫，並由此生發出一系列的人文思想，這些人文思想一以貫之地體現在人們的社會活動中。包括：

「五穀為養，五菜為助，五畜為益，五果為充」的飲食結構。這種良好飲食結構的提出，是自兩千多年前的《黃帝內經》始，至今看來還是非常科學的。中國地域廣袤，食物原料多樣，江南地區的「飯稻羹魚」、草原民族的「食肉飲酪」，從而形成中華民族豐富、健康的飲食結構。

「醫食同源」的養生思想。中華民族自古以來並非代代豐衣足食，歷代不乏災荒饑饉，先民歷經了「神農嘗百草」以擴大食物來源的艱苦探索過程，千百年來總結出「醫食同源」的寶貴思想。在西方現代醫學進入中國大地之前的數千年，「醫食同源」的養生思想一直護佑著炎黃子孫的健康繁衍生息。

「天人合一」的生態觀。農耕文化以及漁獵、畜牧文化，都是人與自然間最和諧的文化，在廣袤大地上繁衍生息的中華民族，篤信人與自然是合為一體的，人類的所衣所食，皆來自於大自然的饋贈，因此先民世世代代敬畏自然，愛護生態，尊重生命，重天時，守農時，創造了農家獨有的二十四節氣及節令食俗，「循天道行人事」。這種寶貴的生態觀當引起當代人的反思。

「尚和」的人文情懷。農耕文明本質上是一種善的文明。主張和諧和睦、勤勞耕作、勤和為人，崇尚以和為貴、包容寬仁、質樸淳和的人際關係。中國飲食講

究的「五味調和」也正是這種「尚和」的人文情懷在烹飪技術層面的體現。縱觀中國飲食文化的社會功能，更是對「尚和」精神的極致表達。

「尊老」的人倫傳統。在傳統的農耕文明中，老人是農耕經驗的積累者，是向子孫後代傳承農耕技術與經驗的傳遞者，因此一直受到家庭和社會的尊重。中華民族尊老的傳統是農耕文化的結晶，也是農耕文化得以久遠傳承的社會行為保障。

《中國飲食文化史》（十卷本）的研究方法科學、縝密。作者以大歷史觀、大文化觀統領全局，較好地利用了歷史文獻資料、考古發掘研究成果、民俗民族資料，同時也有效地利用了人類學、文化學及模擬試驗等多種有效的研究方法與手段。對區域文明肇始、族群結構、民族遷徙、人口繁衍、資源開發、生態制約與變異、水源利用、生態保護、食物原料貯存與食品保鮮防腐等一系列相關問題都予以了充分表述，並提出一系列獨到的學術觀點。

如該書提出中國在漢代就已掌握了麵食的發酵技術，從而把這一科技界的定論向前推進了一千年（科技界傳統說法是在宋代）；又如，對黃河流域土地承載力遞減而導致社會政治文化中心逐流而下的分析；對草地民族因食料制約而頻頻南下的原因分析；對生態結構發生變化的深層原因討論；對《齊民要術》《農政全書》《飲膳正要》《天工開物》等經典文獻的識讀解析；以及對筷子的出現及歷史演變的論述等。該書還清晰而準確地敘述了既往研究者已經關注的許多方面的問題，比如農產品加工技術與食品形態問題、關於農作物及畜類的馴化與分布傳播等問題，這些一向是農業史、交流史等學科比較關注而又疑難點較多的領域，該書對此亦有相當的關注與精到的論述。體現出整個作者群體較強的科研能力及科研水平，從而鑄就了這部填補學術空白、出版空白的學術著作，可謂是近年來不可多得的精品力作。

本書是填補空白的原創之作，這也正是它的難度之所在。作者的寫作並無前人成熟的資料可資借鑑，可以想見，作者須進行大量的文獻爬梳整理、甄選淘漉，閱讀量浩繁，其寫作難度絕非一般。在拼湊摘抄、扒網拼盤已成為當今學界一大痼疾的今天，這部原創之作益發顯得可貴。

一套優秀書籍的出版，最少不了的是出版社編輯們默默無聞但又艱辛異常的付出。中國輕工業出版社以文化堅守的高度責任心，苦苦堅守了二十年，為出版這套不能靠市場獲得收益、然而又是填補空白的大型學術著作嘔心瀝血。進入編輯階段以後，編輯部嚴苛細緻，務求嚴謹，精心提煉學術觀點，一遍遍打磨稿

件。對稿件進行字斟句酌的精心加工，並啟動了高規格的審稿程序，如，他們聘請國內頂級的古籍專家對書中所有的古籍以善本為據進行了逐字逐句的核對，並延請史學專家、民族宗教專家、民俗專家等進行多輪審稿，全面把關，還對全書內容做了二十餘項的專項檢查，剷除掉書稿中的許多瑕疵。他們不因卷帙浩繁而存絲毫懈怠之念，日以繼夜，忘我躬耕，使得全書體現出了高質量、高水準的精品風範。在當前浮躁的社會風氣下，能堅守這種職業情操實屬不易！

本書還在高端學術著作科普化方面做出了有益的嘗試，如對書中的生僻字進行注音，對專有名詞進行注釋，對古籍文獻進行串講，對正文配發了許多圖片等。凡此種種，旨在使學術著作更具通俗性、趣味性和可讀性，使一些優秀的學術思想能以通俗化的形式得到展現，從而擴大閱讀的人群，傳播優秀文化，這種努力值得稱道。

這套學術專著是一部具有劃時代意義的鴻篇巨帙，它的出版，填補了中國飲食文化無大型史著的空白，開啟了中國飲食文化研究的新篇章，功在當代，惠及後人。它的出版，是中國學者做的一件與大國地位相稱的大事，是中國對世界文明的一種國際擔當，彰顯了中國文化的軟實力。它的出版，是中華民族五千年飲食文化與改革開放三十多年來最新科研成果的一次大梳理、大總結，是樹得起、站得住的歷史性文化工程，對傳播、振興民族文化，對中國飲食文化學者在國際學術領域重新建立領先地位，將起到重要的推動作用。

作為一名長期從事農業科技文化研究的工作者，對於這部大型學術專著的出版，我感到由衷的欣喜。願《中國飲食文化史》（十卷本）能夠繼往開來，為中國飲食文化的發揚光大，為中國飲食文化學這一學科的崛起做出重大貢獻。

盧良恕

二〇一三年七月

4

序言

一部填補空白的大書
——《中國飲食文化史》（十卷本）序

中國輕工業出版社通過我在中國社會科學院歷史研究所的老同事，送來即將出版的《中國飲食文化史》（十卷本）樣稿，厚厚的一大疊。我仔細披閱之下，心中深深感到驚奇。因為在我的記憶範圍裡，已經有好多年沒有見過系統論述中國飲食文化的學術著作了，況且是由全國眾多專家學者合力完成的一部十卷本長達數百萬字的大書。

正如不久前上映的著名電視片《舌尖上的中國》所體現的，中國的飲食文化是悠久而輝煌的中國傳統文化的一個重要組成部分。中國的飲食文化非常發達，在世界上享有崇高的聲譽，然而，或許是受長時期流行的一些偏見的影響，學術界對飲食文化的研究卻十分稀少，值得提到的是國外出版的一些作品。記得二十世紀七〇年代末，我在美國哈佛大學見到張光直先生，他給了我一本剛出版的《中國文化中的食品》（英文），是他主編的美國學者寫的論文集。在日本，則有中山時子教授主編的《中國食文化事典》，其內的「文化篇」曾於一九九二年中譯出版，題目就叫《中國飲食文化》。至於國內學者的專著，我記得的只有上海人民出版社《中國文化史叢書》裡面有林乃燊教授的一本，題目也是《中國飲食文化》，也印行於一九九二年，其書可謂有篳路藍縷之功，只是比較簡略，許多問題未能展開。

由趙榮光教授主編、由中國輕工業出版社出版的這部十卷本《中國飲食文化史》規模宏大，內容充實，在許多方面都具有創新意義，從這一點來說，確實是前所未有的。講到這部巨著的特色，我個人意見是不是可以舉出下列幾點：

首先，當然是像書中所標舉的，是充分運用了區域研究的方法。我們中國從來是一個多民族、多地區的國家，五千年的文明歷史是各地區、各民族共同締造的。這種多元一體的文化觀，自「改革開放」以來，已經在歷史學、考古學等領域起了很大的促進作用。《中國飲食文化史》（十卷本）的編寫，貫徹「飲食文化是區域文化」的觀點，把全國劃分為十個文化區域，即黃河中游、黃河下游、長江中游、長江下游、東南、西南、東北、西北、中北和京津，各立一卷。每一卷都可視為區域性的通史，各卷間又互相配合關聯，形成立體結構，便於全面展示中國飲食文化的多彩面貌。

其次，是儘可能地發揮了多學科結合的優勢。中國飲食文化的研究，本來與歷史學、考古學及科技史、美術史、民族史、中外關係史等學科都有相當密切的聯繫。《中國飲食文化史》（十卷本）一書的編寫，努力吸取諸多有關學科的資料和成果，這就擴大了研究的視野，提高了工作的質量。例如在參考文物考古的新發現這一方面，書中就表現得比較突出。

第三，是將各歷史時期飲食文化的演變過程與當時社會總的發展聯繫起來去考察。大家知道，把研究對象放到整個歷史的大背景中去分析估量，本來是歷史研究的基本要求，對於飲食文化研究自然也不例外。

第四，也許是最值得注意的一點，就是這部書把飲食文化的探索提升到理論思想的高度。《中國飲食文化史》（十卷本）一開始就強調「全書貫穿一條鮮明的人文思想主線」，實際上至少包括了這樣一系列觀點，都是從遠古到現代飲食文化的發展趨向中歸結出來的：

一、五穀為主兼及其他的飲食結構；

二、「醫食同源」的保健養生思想；

三、尚「和」的人文觀念；

四、「天人合一」的生態觀；

五、「尊老」的傳統。

這樣，這部《中國飲食文化史》（十卷本）便不同於技術層面的「中國飲食史」，而是富於思想內涵的「中國飲食文化史」了。

據了解，這部《中國飲食文化史》（十卷本）的出版，經歷了不少坎坷曲折，前後過程竟長達二十餘年。其間做了多次反覆的修改。為了保證質量，中國輕工業出版社邀請過不少領域的專家閱看審查。現在這部大書即將印行，相信會得到

有關學術界和社會讀者的好評。我對所有參加此書工作的各位專家學者以及中國輕工業出版社同仁能夠如此鍥而不捨深表敬意，希望在飲食文化研究方面能再取得更新更大的成績。

李學勤

二〇一三年九月

於北京清華大學寓所

序言

「飲食文化圈」理論認知中華飲食史的嘗試
——中國飲食文化區域性特徵

　　很長時間以來，本人一直希望海內同道聯袂在食學文獻梳理和「飲食文化區域史」「飲食文化專題史」兩大專項選題研究方面的協作，冀其為原始農業、畜牧業以來的中華民族食生產、食生活的文明做一初步的瞰窺勾測，從而為更理性、更深化的研究，為中華食學的堅實確立準備必要的基礎。為此，本人做了一系列先期努力。一九九一年北京召開了「首屆中國飲食文化國際學術研討會」，自此，也開始了迄今為止歷時二十年之久的該套叢書出版的艱苦歷程。其間，本人備嘗了時下中國學術堅持的艱難與苦澀，所幸的是，《中國飲食文化史》（十卷本）終於要出版了，作為主編此時真是悲喜莫名。

　　將人類的食生產、食生活活動置於特定的自然牛態與歷史文化系統中審視認知並予以概括表述，是三十多年前本人投諸飲食史、飲食文化領域研習思考伊始所依循的基本方法。這讓我逐漸明確了「飲食文化圈」的理論思維。中國學人對民眾食事文化的關注淵源可謂久遠。在漫長的民族飲食生活史上，這種關注長期依附於本草學、農學而存在，因而形成了中華飲食文化的傳統特色與歷史特徵。初刊於一七九二年的《隨園食單》可以視為這種依附傳統文化轉折的歷史性標誌。著者中國古代食聖袁枚「平生品味似評詩」，潛心戮力半世紀，以開創、標立食學深自期許，然限於歷史時代侷限，終未遂其所願——抱定「皓首窮經」「經國濟世」之理念建立食學，使其成為傳統士子麇集的學林。

　　食學是研究不同時期、各種文化背景下的人群食事事象、行為、性質及其規律的一門綜合性學問。中國大陸食學研究熱潮的興起，文化運氣系接海外學界之

後，二十世紀中葉以來，日、韓、美、歐以及港、臺地區學者批量成果的發表，蔚成了中華食文化研究熱之初潮。社會飲食文化的一個最易為人感知之處，就是都會餐飲業，而其衰旺與否的最終決定因素則是大眾的消費能力與方式。正是餐飲業的持續繁榮和大眾飲食生活水準的整體提高，給了中國大陸食學研究以不懈的助動力。在中國飲食文化熱持續至今的三十多年中，經歷了「熱學」「顯學」兩個階段，而今則處於「食學」漸趨成熟階段。以國人為主體的諸多富有創見性的文著累積，是其漸趨成熟的重要標誌。

　　人類文化是生態環境的產物，自然環境則是人類生存發展依憑的文化史劇的舞台。文化區域性是一個歷史範疇，一種文化傳統在一定地域內沉澱、累積和承續，便會出現不同的發展形態和高低不同的發展水平，因地而宜，異地不同。飲食文化的存在與發展，主要取決於自然生態環境與文化生態環境兩大系統的因素。就物質層面說，如俗語所說：「一方水土養一方人」，其結果自然是「一方水土一方人」，飲食與飲食文化對自然因素的依賴是不言而喻的。早在距今一萬至六千年，中國便形成了以粟、菽、麥等「五穀」為主要食物原料的黃河流域飲食文化區、以稻為主要食物原料的長江流域飲食文化區、以肉酪為主要食物原料的中北草原地帶的畜牧與狩獵飲食文化區這不同風格的三大飲食文化區域類型。其後西元前二世紀，司馬遷曾按西漢帝國版圖內的物產與人民生活習性作了地域性的表述。山西、山東、江南（彭城以東，與越、楚兩部）、龍門碣石北、關中、巴蜀等地區因自然生態地理的差異而決定了時人公認的食生產、食生活、食文化的區位性差異，與史前形成的中國飲食文化的區位格局相較，已經有了很大的發展變化。而後再歷二十多個世紀至十九世紀末，在今天的中國版圖內，存在著東北、中北、京津、黃河下游、黃河中游、西北、長江下游、長江中游、西南、青藏高原、東南十一個結構性子屬飲食文化區。再以後至今的一個多世紀，儘管食文化基本區位格局依在，但區位飲食文化的諸多結構因素卻處於大變化之中，變化的速度、廣度和深度，都是既往歷史上不可同日而語的。生產力的結構性變化和空前發展；食生產工具與方式的進步；信息傳遞與交通的便利；經濟與商業的發展；人口大規模的持續性流動與城市化進程的快速發展；思想與觀念的更新進化等，這一切都大大超越了食文化物質交換補益的層面，而具有更深刻、更重大的意義。

　　各飲食文化區位文化形態的發生、發展都是一個動態的歷史過程，「不變中有

變、變中有不變」是飲食文化演變規律的基本特徵。而在封閉的自然經濟狀態下，「靠山吃山靠水吃水」的飲食文化存在方式，是明顯「滯進」和具有「惰性」的。所謂「滯進」和「惰性」是指：在決定傳統餐桌的一切要素幾乎都是在年復一年簡單重複的歷史情態下，飲食文化的演進速度是十分緩慢的，人們的食生活是因循保守的，「周而復始」一詞正是對這種形態的概括。人類的飲食生活對於生息地產原料並因之決定的加工、進食的地域環境有著很強的依賴性，我們稱之為「自然生態與文化生態環境約定性」。生態環境一般呈現為相當長歷史時間內的相對穩定性，食生產方式的改變，一般也要經過很長的歷史時間才能完成。而在「雞犬之聲相聞，民至老死不相往來」的相當封閉隔絕的中世紀，各封閉區域內的人們是高度安適於既有的一切的。一般來說，一個民族或某一聚合人群的飲食文化，都有著較為穩固的空間屬性或區位地域的植根性、依附性，因此各區位地域之間便存在著各自空間環境下和不同時間序列上的差異性與相對獨立性。而從飲食生活的動態與飲食文化流動的屬性觀察，則可以說世界上絕大多數民族（或聚合人群）的飲食文化都是處於內部或外部多元、多渠道、多層面的、持續不斷的傳播、滲透、吸收、整合、流變之中。中華民族共同體今天的飲食文化形態，就是這樣形成的。

　　隨著各民族人口不停地移動或遷徙，一些民族在生存空間上的交叉存在、相互影響（這種狀態和影響自古至今一般呈不斷加速的趨勢），飲食文化的一些早期民族特徵逐漸地表現為區位地域的共同特徵。迄今為止，由於自然生態和經濟地理等諸多因素的決定作用，中國人主副食主要原料的分布，基本上還是在漫長歷史過程中逐漸形成的基本格局。宋應星在談到中國歷史上的「北麥南稻」之說時還認為：「四海之內，燕、秦、晉、豫、齊、魯諸蒸民粒食，小麥居半，而黍、稷、稻、粱僅居半。西極川、雲，東至閩、浙、吳楚腹焉……種小麥者二十分而一……種餘麥者五十分而一，閭閻作苦以充朝膳，而貴介不與焉。」這至少反映了宋明時期麥屬作物分布的大勢。直到今天，東北、華北、西北地區仍是小麥的主要產區，青藏高原是大麥（青稞）及小麥的產區，黑麥、燕麥、蕎麥、莜麥等雜麥也主要分布於這些地區。這些地區除麥屬作物之外，主食原料還有粟、秫、玉米、稷等「雜糧」。而長江流域及以南的平原、盆地和壩區廣大地區，則自古至今都是以稻作物為主，其山區則主要種植玉米、粟、蕎麥、紅薯、小麥、大麥、旱稻等。應當看到，糧食作物今天的品種分布狀態，本身就是不斷演變的歷史性結

果，而這種演變無論表現出怎樣的相對穩定性，它都不可能是最終格局，還將持續地演變下去。

歷史上各民族間飲食文化的交流，除了零星漸進、潛移默化的和平方式之外，在災變、動亂、戰爭等特殊情況下，出現短期內大批移民的方式也具有特別的意義。其間，由物種傳播而引起的食生產格局與食生活方式的改變，尤具重要意義。物種傳播有時並不依循近鄰滋蔓的一般原則，伴隨人們遠距離跋涉的活動，這種傳播往往以跨越地理間隔的童話般方式實現。原產美洲的許多物種集中在明代中葉聯袂登陸中國就是典型的例證。玉米、紅薯自明代中葉以後相繼引入中國，因其高產且對土壤適應性強，於是長江以南廣大山區，魯、晉、豫、陝等大片久耕密植的貧瘠之地便很快迭相效應，迅速推廣開來。山區的瘠地需要玉米、紅薯這樣的耐瘠抗旱作物，傳統農業的平原地區因其地力貧乏和人口稠密，更需要這種耐瘠抗旱而又高產的作物，這就是各民族民眾率相接受玉米、紅薯的根本原因。這一「根本原因」甚至一直深深影響到二十世紀八〇年代以前。中國大陸長期以來一直以提高糧食畝產、單產為壓倒一切的農業生產政策，南方水稻、北方玉米，幾乎成了各級政府限定的大田品種種植的基本模式。

嚴格說來，很少有哪些飲食文化區域是完全不受任何外來因素影響的純粹本土的單質文化。也就是說，每一個飲食文化區域都是或多或少、或顯或隱地包融有異質文化的歷史存在。中華民族飲食文化圈內部，自古以來都是域內各子屬文化區位之間互相通融補益的。而中華民族飲食文化圈的歷史和當今形態，也是不斷吸納外域飲食文化更新進步的結果。一九八二年筆者在新疆歷時半個多月的一次深度考察活動結束之後，曾有一首詩：「海內神廚濟如雲，東西甘脆皆與聞。野駝渾烹標青史，肥羊串炙喜今人。乳酒清洌爽筋骨，奶茶濃郁尤益神。朴勞納仁稱異饌，金特克缺愧寡聞。胡餅西肺欣再睹，葡萄密瓜連筵陳。四千文明源泉水，雲裡白毛無銷痕。晨鐘傳於二三贇，青眼另看大宛人。」詩中所敘的是維吾爾、哈薩克、柯爾克孜、烏孜別克、塔吉克、塔塔爾等少數民族的部分風味食品，反映了西北地區多民族的獨特飲食風情。中國有十個少數民族信仰伊斯蘭教，他們主要或部分居住在西北地區。因此，伊斯蘭食俗是西北地區最具代表性的飲食文化特徵。而西北地區，眾所周知，自漢代以來直至西元七世紀一直是佛教文化的世界。正是來自阿拉伯地區的影響，使佛教文化在這裡幾乎消失殆盡了。當然，西北地區還有漢、蒙古、錫伯、達斡爾、滿、俄羅斯等民族成分。西

北多民族共聚的事實，就是歷史文化大融匯的結果，這一點，同樣是西北地區飲食文化獨特性的又一鮮明之處。作為通往中亞的必由之路，舉世聞名的絲綢之路的幾條路線都經過這裡。東西交會，絲綢之路飲食文化是該地區的又一獨特之處。中華飲食文化通過絲綢之路吸納域外文化因素，確切的文字記載始自漢代。張騫（？-前114年）於漢武帝建元三年（西元前138年）、元狩四年（西元前119年）的兩次出使西域，使內地與今天的新疆及中亞的文化、經濟交流進入到了一個全新的歷史階段。葡萄、苜蓿、胡麻、胡瓜、蠶豆、核桃、石榴、胡蘿蔔、蔥、蒜等菜蔬瓜果隨之來到了中國，同時進入的還有植瓜、種樹、屠宰、截馬等技術。其後，西漢軍隊為能在西域伊吾長久駐紮，便將中原的挖井技術，尤其是河西走廊等地的坎兒井技術引進了西域，促進了灌溉農業的發展。

　　至少自有確切的文字記載以來，中華版圖內外的食事交流就一直沒有間斷過，並且呈現與時俱進、逐漸頻繁深入的趨勢。漢代時就已經成為黃河流域中原地區的一些主食品種，例如餛飩、包子（籠上牢丸）、餃子（湯中牢丸）、麵條（湯餅）、饅首（有餡與無餡）、餅等，到了唐代時已經成了地無南北東西之分，民族成分無分的、隨處可見的、到處皆食的大眾食品了。今天，在中國大陸的任何一個中等以上的城市，幾乎都能見到以各地區風味或少數民族風情為特色的餐館。而隨著人們消費能力的提高和消費觀念的改變，到異地旅行，感受包括食物與飲食風情在內的異地文化已逐漸成了一種新潮，這正是各地域間食文化交流的新時代特徵。這其中，科技的力量和由科技決定的經濟力量，比單純的文化力量要大得多。事實上，科技往往是文化流變的支配因素。比如，以筷子為食具的箸文化，其起源已有不下六千年的歷史，漢以後逐漸成為漢民族食文化的主要標誌之一；明清時期已普及到絕大多數少數民族地區。而現代化的科技烹調手段則能以很快的速度為各族人民所接受。如電飯煲、微波爐、電烤箱、電冰箱、電熱炊具或氣體燃料新式炊具、排煙具等幾乎在一切可能的地方都能見到。真空包裝食品、方便食品等現代化食品、食料更是無所不至。

　　黑格爾說過一句至理名言：「方法是決定一切的」。筆者以為，飲食文化區位性認識的具體方法盡管可能很多，盡管研究方法會因人而異，但方法論的原則卻不能不有所規範和遵循。

　　首先，應當是歷史事實的真實再現，即通過文獻研究、田野與民俗考察、數學與統計學、模擬重複等方法，去盡可能摹繪出曾經存在過的飲食歷史文化構

件、結構、形態、運動。區位性研究，本身就是要在某一具體歷史空間的平臺上，重現其曾經存在過的構建，如同考古學在遺址上的工作一樣，它是具體的，有限定的。這就要求我們對於資料的篩選必須把握客觀、真實、典型的原則，絕不允許研究者的個人好惡影響原始資料的取捨剪裁，客觀、公正是絕對的原則。

其次，是把飲食文化區位中的具體文化事象視為該文化系統中的有機構成來認識，而不是將其孤立於整體系統之外釋讀。割裂、孤立、片面和絕對地認識某一歷史文化，只能遠離事物的本來面目，結論也是不足取的。文化承載者是有思想的、有感情的活生生的社會群體，我們能夠憑藉的任何飲食文化遺存，都曾經是生存著的社會群體的食生產、食生活活動事象的反映，因此要把資料置於相關的結構關係中去解讀，而非孤立地認斷。在歷史領域裡，有時相近甚至相同的文字符號，卻往往反映不同的文化意義，即不同時代、不同條件下的不同信息也可能由同一文字符號來表述；同樣的道理，表面不同的文字符號也可能反映同一或相近的文化內涵。也就是說，我們在使用不同歷史時期各類著述者留下來的文獻時，不能只簡單地停留在文字符號的表面，而應當準確透析識讀，既要盡可能地多參考前人和他人的研究成果，還要考慮到流傳文集記載的版本等因素。

再次，飲食文化的民族性問題。如果說飲食文化的區域性主要取決於區域的自然生態環境因素的話，那麼民族性則多是由文化生態環境因素決定的。而文化生態環境中的最主要因素，應當是生產力。一定的生產力水平與科技程度，是文化生態環境時代特徵中具有決定意義的因素。《詩經》時代黃河流域的漬菹，本來是出於保藏的目的，而後成為特別加工的風味食品。今日東北地區的酸菜、四川的泡菜，甚至朝鮮半島的柯伊姆奇（泡菜）應當都是其餘韻。今日西南許多少數民族的粑粑、餌塊以及東北朝鮮族的打糕等蒸舂的稻穀粉食，是古時杵臼搗制餈餌的流風。蒙古族等草原文化帶上的一些少數民族的手扒肉，無疑是草原放牧生產與生活條件下最簡捷便易的方法，而今竟成草原情調的民族獨特食品。同樣，西南、華中、東南地區許多少數民族習尚的熏臘食品、酸酵食品等，也主要是由於貯存、保藏的需要而形成的風味食品。這也與東北地區人們冬天用雪埋、冰覆，或潑水掛臘（在肉等食料外潑水結成一層冰衣保護）的道理一樣。以至北方冬天吃的凍豆腐，也竟成為一種風味獨特的食料。因為歷史上人們沒有更好的保藏食品的方法。因此可以說，飲食文化的民族性，既是地域自然生態環境因素決定的，也是文化生態因素決定的，因此也是一定生產力水平所決定的。

又次，端正研究心態，在當前中華飲食文化中具有特別重要的意義。冷靜公正、實事求是，是任何學科學術研究的絕對原則。學術與科學研究不同於男女談戀愛和市場交易，它否定研究者個人好惡的感情傾向和局部利益原則，要熱情更要冷靜和理智；反對偏私，堅持公正；「實事求是」是唯一可行的方法論原則。

多年前北京釣魚台國賓館的一次全國性飲食文化會議上，筆者曾強調食學研究應當基於「十三億人口，五千年文明」的「大眾餐桌」基本理念與原則。我們將《中國飲食文化史》（十卷本）的付梓理解為「飲食文化圈」理論的認知與嘗試，不是初步總結，也不是什麼了不起的成就。

儘管飲食文化研究的「圈論」早已經為海內外食學界熟知並逐漸認同，十年前《中國國家地理雜誌》以我提出的「舌尖上的秧歌」為封面標題出了「圈論」專號，次年CCTV-10頻道同樣以我建議的「味蕾的故鄉」為題拍攝了十集區域飲食文化節目，不久前一位歐洲的博士學位論文還在引用和研究。這一切也還都是嘗試。

《中國飲食文化史》（十卷本）工程迄今，出版過程歷經周折，與事同道幾易其人，作古者凡幾，思之唏噓。期間出於出版費用的考慮，作為主編決定撤下叢書核心卷的本人《中國飲食文化》一冊，儘管這是當時本人所在的杭州商學院與旅遊學院出資支持出版的前提。雖然，現在「杭州商學院」與「旅遊學院」這兩個名稱都已經不復存在了，但《中國飲食文化史》（十卷本）畢竟得以付梓。是為記。

趙榮光

夏曆癸巳年初春，西元二〇一三年三月
杭州西湖誠公齋書寓

目錄

Contents

第一章　概述

長江穿越雄偉壯麗的三峽後，由東急折向南，就到了湖北宜昌，進入「極目楚天舒」的中游兩湖平原（湖北江漢平原、湖南洞庭湖平原合稱兩湖平原），一直到江西鄱陽湖口，這便是飲食區域概念中的長江中游地區，包括湘、鄂、贛三省。長江中游兩岸湖泊眾多，江湖相通，構成龐大的洞庭湖和鄱陽湖兩大水系。長江中游地區是古代楚文化的發祥地，與長江上游的巴蜀文化、長江下游的吳越文化緊鄰，他們之間異同互見，但又互相滲透、吸收，形成獨具特色的文化區。

第一節　長江中游地區自然地理環境的變遷與特徵

自然地理環境是指人類賴以生存的自然界的地質地貌、土壤植被、水文、氣候等自然因素。自然地理環境決定了人類賴以生存的物質條件，這是飲食文化區域差

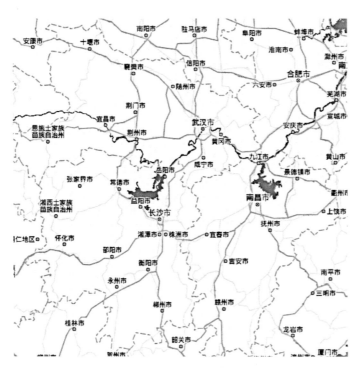

◀圖1-1　長江中游地區的大致區域範圍

異形成的重要因素，這就是人們常說的「一方水土養一方人」。

不同的地理條件提供著不同的動植物食物資源。河湖密布地區盛產魚蝦，草原多產哺乳類動物，山區則多產飛禽、蛇蟲與野果。在生產力十分低下的人類早期，天然食物的不同分布對人類飲食內容的構成和飲食習慣的形成起著決定性作用。

地理條件還影響社會生產力的發展水平。由於地理環境的不同，又形成了各地居民不同的生活方式、生產方式和產品類型。正如恩格斯所說：「由於自然條件的不同，即由於土地肥力、水域和陸地、山區和平原的分布不同，氣候和地理位置、有用礦藏的不同以及土地天然條件的特點不同，又有了勞動工具的天然差別，這種差別造成了不同部落之間的職業劃分。」[※]黑格爾把人類生存的地理條件分為三類：第一類是「乾燥的高地與廣闊的草地和平原」，他認為在這類地理條件下生活的居民，主要從事畜牧業。第二類是「平原流域——是巨川大江流過的地方」，他認為生活在這種地理條件下的居民主要經營農業。第三類是「和海相連的海岸區域」，他認為這種地理條件「鼓勵人類追求利潤，從事商業」。[2]長江中游地區氣候濕熱，水資源豐富，居民過著「飯稻羹魚」的農耕生活。

地理環境制約著人們的生產生活資源，而「人的需要的增減取決於人所處的氣候的嚴寒或溫暖」[3]。寒冷的氣候，人們需要更多的熱量和營養，口味要求更濃郁一些。炎熱的氣候，人們多喜食較清淡的食物。濕氣過重時，人們則喜食辛辣食物以驅濕氣。

正因為地理環境對飲食文化的發生、發展有很大的影響，所以我們在本書開篇首先對長江中游地區的歷史自然地理特徵加以分析，以揭示長江中游地區飲食文化區形成的基本條件。

※　編者註：為方便讀者閱讀，本書將連續占有三行及以上的引文改變了字體。對於在同一個自然段（或同一個內容小板塊）裡的引文，雖不足三行但斷續密集引用的也改變了字體。

2　黑格爾著，王造時譯：《歷史哲學》，三聯書店，1956年，第121-147頁。

3　馬克思：《資本論》第1卷，人民出版社，1986年，第562頁。

一、各歷史時期的氣候變遷

中國人對氣候的記載已有幾千年歷史。本書以著名的地理學家和氣象學家竺可楨的研究為基礎，結合長江中游地區歷史上氣候的變化情況，並依據目前的研究成果，將該地區近五千年來的氣候變化過程，劃分為四個溫暖期和與之相間的四個寒冷期。[1]

❶·第一個溫暖期

西元前三〇〇〇年至西元前一〇〇〇年。這個時期包括從新石器時代的晚期到商代末年，中國氣候狀況以溫暖為主。如江西南昌的西山有分布甚廣的泥炭沼澤，從孢粉組合的演變分析，該地生有以栲屬為主的森林植被，伴生蕨類和水生植物，氣候較目前溫暖。[2]地處長江中游、後成為楚文化早期繁盛的河南淅川，其下王崗遺址可分為九層，其中以第七至第九文化層，即仰韶文化期最為溫暖，這幾層的動物種類最多，有24種，其中喜暖的動物有7種，占29%，是喜暖動物所占比例最多的時期。

❷·第一個寒冷期

西元前一〇〇〇年至西元前八五〇年。這是中國歷史上最早的一個寒冷期，持續了近兩個世紀。河南下王崗的第一文化層相當於西周時代，遺址中動物再度減少，未見喜暖動物，均為適應性較強、分布面較廣的種類，這一時期的氣溫有所下降。《竹書紀年》記載周孝王七年（西元前903年）「冬，大雨雹，牛馬死，江、漢俱凍」[3]。說明西元前十世紀長江和漢水都結冰，氣候相當寒冷。

❸·第二個溫暖期

西元前七七〇年至西元初年。這個溫暖期從春秋時期開始，到西漢後期，持續

1　王會昌：《中國文化地理》，華中師範大學出版社，1992年，第79-84頁。

2　王開發：《南昌西山洗藥湖泥炭的孢粉分析》，《植物學報》第16卷，1974年第1期，第83-93頁。

3　王國維：《古本竹書紀年輯校》，遼寧教育出版社，1997年。

了700多年。司馬遷《史記·貨殖列傳》載：「蜀、漢、江陵千樹橘；……陳、夏千畝漆；齊、魯千畝桑麻；渭川千畝竹。」橘、漆、竹均屬亞熱帶植物，可知當時亞熱帶類植物的北界比現在還要往北。

❹·第二個寒冷期

西元初至西元六〇〇年。這個寒冷期經東漢和魏晉南北朝，歷時600年。南朝當時很冷，與今武漢氣溫相近的南京（當時的都城建康），曾在覆舟山建有冰房，用作保存新鮮食物。可知當時南京的冬季比現在要低2℃以上，唯此才能提供儲藏用的冰塊。

❺·第三個溫暖期

西元六〇〇年至西元一〇〇〇年。這個時期包括隋唐至北宋初年。唐代國都長安種有梅花，唐玄宗時，宮中廣種橘樹，天寶十年（西元751年）曾結果15個，味道鮮美，與江南所進貢者無異。而橘樹和梅樹只能抵抗-8℃至-14℃的低溫，現在西安的冬季，最低溫度常在-14℃以下，梅樹長不好，橘樹也已經種不活了。

❻·第三個寒冷期

西元一〇〇〇年至西元一二〇〇年。這個寒冷期包括北宋至南宋中葉。中國氣候加劇轉寒，江南湖面常結冰。

❼·第四個溫暖期

西元一二〇〇年至西元一三〇〇年。包括南宋中期至元代中期。元朝劉詵在《秧老歌》中記錄當時「三月四月江南村，村村插秧無朝昏」，假定其平均插秧期在陽曆四月下旬，則與現代相近或略偏早。

❽·第四個寒冷期

西元一四〇〇年至西元一九〇〇年。這一時期包括明、清兩代。明正德八年（西元1513年）冬天，江南嚴寒，洞庭湖、鄱陽湖均結冰，湖面寬闊的洞庭湖，不

僅可行人，還可通車。明萬曆三十六年至四十五年間（西元1608-1617年），文學家
袁中道留居湖北沙市附近記有日記，記載了桃、杏等春初開花的日期[1]。從中可知
明朝後期湖北沙市的春秋物候與今日武昌物候相比要遲七至十天。清代氣候嚴寒。
咸豐十一年（西元1861年）十二月，湖北「蒲圻大雪，平地深五六尺，凍斃人畜甚
多，河水皆冰」[2]。

　　進入二十世紀以後，我國氣候雖仍從屬於一四〇〇年開始的第四個寒冷期，但
其中仍有冷暖變化。從十九世紀末期開始到二十世紀四〇年代，是氣溫逐漸升高時
期。從五〇年代起，氣溫總的趨勢是下降。一九五五年一月，漢水從一日至二十日
結冰二十天；洞庭湖從三日至六日結冰三天。一九七六年至一九九九年，被認為是
太陽活動強度低的年分，因而構成一個新的寒冷期。

　　近年來，由於「溫室效應」的加強，使地球的氣溫普遍升高。

　　我們通過對中國數千年氣候的波動性變化進行比較，發現長江中游地區的開
發、飲食文化的發展是與歷史上氣候的週期性變化有一定聯繫的，從而為長江中游
地區飲食文化的發展、軌跡的形成找到了一種較具說服力的依據。我們不妨做這樣
的推理：在一定時期內，當中國北方氣候由溫暖濕潤轉向寒冷乾燥時，以農業經濟
為基礎的中原王朝必然受到風、凍等自然災害的衝擊，農業歉收，食物嚴重不足，
餓殍遍野。民以食為天，老百姓的飲食問題得不到解決，整個社會便動盪不安。與
此同時，氣候的變冷變乾，同樣導致本來就地處乾旱、半乾旱地區的游牧民族面臨
著草枯畜死的威脅，這迫使他們不得不南下尋找新的宜牧地區。中原地區又同時遭
受來自北方鐵騎的猛烈衝擊。於是，大量中原人民為了活命，不得不背井離鄉逃往
南方。中原人民給長江中游地區帶來了大量的勞動力，帶來先進的生產技術以及不
同風格的飲食文化，從而使江南的經濟、文化因增加了新的活力而飛速發展。在每
一個寒冷期到來一段時期或寒冷達到極致之後，往往是北方經濟凋敝，南方熱火朝

1　　袁中道：《袁小修日記》，上海雜誌公司，1936年（民國二十五年）。

2　　趙爾巽等：《清史稿》卷四十《災異志一》，中華書局，2003年。

天地開發。因而，在西周之後是楚文化的繁榮；在三國兩晉之後是江南的開發；北宋之後是長江中游地區的進步；明清時期更實現了「湖廣熟、天下足」，反映出了兩湖作為國家重要糧倉的地位。當氣候轉暖，雨水增加之後，中原地區農業復甦，經濟發展，長江中游地區則常常表現為較長時間的相對平穩。

二、土壤植被的歷史變遷

❶ · 土壤的變遷

土壤是地球表面具有肥力、能生長植物的疏鬆表層，是農林牧業生產的基本條件之一。對土壤進行分類，就是按肥力大小給各種土壤定等級。在秦漢以前就產生了許多關於土壤的著作，如《尚書·禹貢》一書中即將當時天下分為九州，又將九州的土壤按顏色和性質分為九種，並據土壤肥力分為三等九級。再依肥力等級安排農作物生產。這種土壤分類是世界土壤科學史上的創舉。

表1-1 《禹貢》九州土壤分類及等級劃分

九州名稱	土壤種類	土地肥力等級	今人考證土類
雍州	黃壤	上上（一等）	淡栗鈣土
徐州	赤埴墳	上中（二等）	棕壤
青州	白墳	上下（三等）	灰壤，次生鹽漬土
豫州	壤、墳壚	中上（四等）	石灰性沖積土
冀州	白壤	中中（五等）	鹽漬土
兗州	黑墳	中下（六等）	灰棕壤
梁州	青黎	下上（七等）	無石灰性沖積土（成都平原）
荊州	塗泥	下中（八等）	濕土
揚州	塗泥	下下（九等）	濕土

當時的荊州包括今荊山與五嶺之間的湖北、湖南大部分地區。土壤為塗泥，肥

力「下中」，為九州土壤肥力的第八級。《禹貢》：「淮、海惟揚州。」淮，指淮水，海，指東海。今江西省大部分和鄂東地區屬揚州。其土壤含水分很多，屬黏性，猶如泥淖之地。肥力「下下」，列為第九等。按《禹貢》的劃分，湖北北部部分地區屬豫州，高地土壤柔和而不板結；低地為墳起的壚土；肥力「中上」列為第四等。荊州、揚州的土質屬於第八等、第九等的「塗泥」濕土，為肥力低下的劣等土壤。這當是因當時的排水與灌溉技術不發達，先民尚無法有效地利用這種土壤。隨著時代的進步，生產力的不斷提高，遠古時期被人們視為最差的泥土，經過兩三千年的水稻種植，已演變培養成為今天肥力最高的水稻土。[1]

❷ · 植被的變遷

第四紀最末一次冰期以後，距今約六七千年，長江中游地區的天然植被，大致屬亞熱帶森林地帶。根據對江西南昌洗藥湖泥炭的分析，反映了該地區在八千多年前有亞熱帶森林植被分布。[2]正如後來《禹貢》記載的揚州「厥草惟夭（盛），厥木維喬（高）」。通過對京山屈家嶺等地出土的稻穀、稻殼、菱等研究結果表明，該地古代沼澤植被廣布。[3]在桐柏、大別等山地，古代也有大量森林分布。這些山地以南，包括長江中游平原及江南的山地丘陵，氣候暖濕，在古代森林更為繁茂。這可從江西修水縣跑馬嶺遺址出土的四千多年前的木炭碳14測定得到證明。此外，《史記·貨殖列傳》記載這個地區「多竹木」，《漢書·地理志》也記錄了這裡「山林之饒」，都說明了古代植被發育良好。唐代詩人李諒在《舟過浯溪懷古》中寫道：「湘江永州路，水碧山崒（zú，山高而險）兀。」可見直到九世紀，山林基本保持著原始面貌。

在歷史發展過程中，由於自然條件的變化，特別是由於人類活動的影響，植被的總趨勢是栽培植被的不斷擴展和天然植被的逐漸縮減。從中，可以看到人們對

1　辛樹幟：《禹貢新解》，農業出版社，1964年，第129頁。
2　王開發：《南昌西山洗藥湖泥炭的孢粉分析》，《植物學報》第16卷，1974年第1期，第83-93頁。
3　丁穎：《漢江平原新石器時代紅燒土中的稻穀殼考查》，《考古學報》，1959年第4期。

天然食物依賴性的降低，以及人工培養食物在人們食物結構中的比例擴大。湖南
酃（líng）縣、茶陵、衡南等一線以北的湘江中下游地區，古代的天然植被以亞熱帶
森林為多。湖南這一地區的開發與天然植被的變遷比湖北的江漢平原等地遲緩，但
又比湘西、湘南，以及湘鄂贛山地、丘陵地區迅速，因此具有較強的代表性。有關
本區採伐和耕作的記載可上溯到秦漢，例如《史記‧貨殖列傳》載：「江南出楠、
梓、薑、桂」，並且「飯稻羹魚。」《漢書‧地理志》載：「楚有江漢川澤山林之饒：
江南地廣，或火耕火耨。民食魚稻，以漁獵山伐為業，果蓏（luǒ）蠃（luǒ）蛤，
食物常足。」晉初永嘉之亂，北人南遷長江中游地區，遂使墾殖採伐有所增加。唐
代潭州和衡州的貢賦有葛布、絲布、大麻、紵、絲等，[1] 說明此二州當時桑麻遍地。
該區山地丘陵多，《茶經‧下》提及：「茶陵者，所謂陵谷，生茶茗焉。」而宋「潭
州土貢茶末一百斤」[2]。說明唐宋之間，茶園已在山區普遍出現。長江中游地區天
然植被發生較大規模的變化是始於靖康之亂之後。這一時期因北人大量南遷，促使
本區人口增加，生產發展。在十二世紀末，道經湘江中下游者，目擊沿岸丘陵已是
「荒涼相屬」，與唐代大相逕庭。長江中游地區天然植被發生根本的改變則是在明清
以後，由於人口的劇增，過度的墾殖，以及玉米、甘藷等作物的大量引種，使許多
地區的植被面目全非。例如過去森林茂密的攸縣，到十九世紀初期，殘存的森林已
不到該縣山地面積的十之二三，其餘多為茶桐、玉米所代替了。[3] 清代中葉，不少地
方已經牛山濯濯，出現了木料和燃料都很缺乏的現象。[4]

三、水系的變遷

　　長江是我國第一大河，古時稱「江」，東晉以後才有「大江」和「長江」之

1　李吉甫：《元和郡縣圖志》卷二九，臺灣商務印書館，1986年。
2　王存主編：《元豐九域志》卷六，中華書局，1984年。
3　湖南省攸縣地方志編纂委員會：同治《攸縣志》卷五四，中國文史出版社，1984年。
4　吳兆熙：《善化縣志》卷二三，岳麓書社，2011年。

稱。長江發源於唐古拉山脈主峰格拉丹東雪山西南側，全長六三〇〇餘公里，自宜昌至江西湖口稱為中游。自古以來，長江航運就是我國發展經濟的動脈和紐帶。早在秦始皇時，在監祿的主持下，在長江支流湘江的上游與珠江支流灕水之間「鑿渠運糧」[1]，渠即靈渠。至唐時，有詩人杜牧在《上李太尉論江賊書》中寫道：「長江五千里，來往百萬人」。宋以後，長江沿線商業都會不斷湧現，漢口、漢陽「五方雜處，商賈輻輳」[2]。長江自宜昌以下，進入了中游平原地區之後，江漢、洞庭地區以及九江、鄱陽湖地區的地勢平坦開闊，水系變化頻繁、複雜，現以幾處變化較大的地區加以論述。

❶ · 雲夢澤洲的演變

雲夢澤是由於長江和漢水的泥沙在湖盆大量沉積，逐漸形成的江漢內陸三角洲。從西漢起，長江、漢水的泥沙不斷淤積，使荊江和漢水兩個內陸三角洲連成一片，並得到開墾。東漢時，澤區日益淤淺，形成以沼澤為主的平原地區。魏晉南北朝時期，雲夢澤的面積進一步縮小，其主體向東南推移至雲杜（今湖北京山）、惠懷（今湖北仙桃西）、監利以東，伸展到長江之濱了。先秦時代方九百里的雲夢澤，至魏晉南朝時期，僅餘三四百里的範圍。至唐宋，江漢內陸三角洲越來越擴展，雲夢澤洲日益淺平，主體部分大多淤填為平地。成片的雲夢澤已不復存在，取而代之的是星羅棋布的小湖群。現在江漢平原上的兩百多個淺水湖，就是古雲夢澤長期以來被分割、淤塞而殘留下來的遺跡，其中最大的湖泊是洪湖，它是在清代太白湖淤塞過程中逐漸形成的。

❷ · 洞庭湖的演變

洞庭湖位於湖南省北部，長江中游下荊江的南岸，洪水期面積二八二〇平方公里，是中國當今的第二大淡水湖泊。它接納湖南的湘、資、沅、澧四水和長江的松

1　司馬遷：《史記·平津侯主父偃列傳》，中華書局，1982年。

2　陳夢雷：《古今圖書集成·職方典》卷一一三〇《漢陽府部·風俗考》，中國戲劇出版社，2008年。

滋、太平、藕池、調弦四口（調弦口已於1958年冬堵塞）分流，由岳陽城陵磯洩入長江。在漫長的地質歷史時期，它經歷了一個由小變大，又由大變小的過程。

洞庭湖地區從第四紀以來不斷下沉，從而逐漸形成了洞庭湖。自新石器時代以來，隨著湖盆地區緩慢下沉，平原景觀開始向沼澤化方向發展，不宜人類居住和從事生產活動。因此，湖區之內雖有人類頻繁活動的痕跡，但直至秦漢時代卻始終未能在此基礎上設立郡縣。三國至南北朝時期，洞庭湖平原繼續下沉，隨著荊江內陸三角洲的擴展和荊江江陵段金堤的修築，長江水衝向荊江南岸進入凹陷下沉的洞庭平原，至此，終於使洞庭湖得以擴展為一個汪洋浩瀚的巨澤。北魏酈道元《水經注》說：「洞庭湖湖水廣圓五百餘裡，日月若出沒於其中。」南朝宋盛弘之的《荊州記》也描述道：「巴陵南有青草湖，周回數百里。」唐至清代前期，是洞庭湖的全盛時期，湖面擴展到今華容、岳陽、沅江和常德之間。唐、宋時期已開始用「八百里洞庭」一詞形容湖區水域寬廣浩蕩。到清道光年間，洞庭湖面積達到6300平方公里。清代後期，洞庭湖日趨萎縮，在湖盆內先後出現了南縣、白蚌、草尾和北大市等高洲。從二十世紀初始，沙洲不斷出現，水體向低窪處轉移，人工堤垸迅速增築，洞庭湖被明顯地分為東、西、南三個部分。一九三七年，湖面減少到4700平方公里。新中國成立後，湖面又漸縮小，而且被分割成十幾個大小不等的湖泊。

❸ · 鄱陽湖的演變

鄱陽湖位於江西省北部，近年來洪水期面積達3583平方公里，是中國當今最大的淡水湖泊。它是長江流域的一個重要集水盆地，自西向東接納了修水、贛江、撫河、信江和鄱江等水，由湖口注入長江。

鄱陽湖從古到今都在長江以南。但在更新世後期，由於長江主泓南移到目前的長江河道上，因此在江北遺留下一系列遺棄的古長江河道。該地區處在下揚子准地槽新構造掀斜下陷帶，特別是全新世以來，掀斜下陷更為顯著，長江遺棄河道隨之擴展成湖，並與九江盆地南緣寬闊的長江水面相合併，形成一個大湖泊，這便是《禹貢》所記載的彭蠡澤。後湖面日漸萎縮，在班固著《漢書》時，《禹貢》彭蠡澤

已面目全非，無可指認。班固便把位於江南的鄱陽湖（新彭蠡澤）誤認為是位於江北的古彭蠡澤，並為後人接受。南北朝時新彭蠡澤已越過嬰子口，在都昌一帶形成開闊水域。隋煬帝時已接近鄱陽山，於是始有鄱陽湖之名。唐代鄱陽湖面積進一步擴大，周圍已達二百餘公里，大約相當今鄱陽湖範圍的二分之一。[1]到北宋時湖面已與現在鄱陽湖大小相當了。[2]明、清時，鄱陽湖區持續沉降，湖面向西南方擴展。但自清代後期起，鄱陽湖由擴大轉向萎縮。據實測，一九五四年鄱陽湖的洪水面尚有5050平方公里，到一九七六年又減至3841平方公里，到一九八八年，只剩下3583平方公里。長江中游的雲夢澤、洞庭湖和鄱陽湖及其周邊地區逐漸形成了長江流域湖北、湖南、江西三省的政治、經濟、文化中心，也是飲食文化相對發達的地區。

四、自然地理的特徵

❶ · 溫暖濕潤的亞熱帶季風氣候

長江中游地區在北緯30°上，處於副熱帶高壓帶控制範圍內，但在強大的東亞季風環流影響下，形成了特殊的大氣環流系統，具有溫暖濕潤、四季分明的亞熱帶季風氣候特點。

春季，南方暖濕氣流與北方冷乾氣流在此交替頻繁，使得該地區天氣變化劇烈，冷暖無常。同時帶來豐沛的降水，但有時也會引起冰雹和大風等自然災害。

夏季，隨著北太平洋副熱帶高壓的加強、西移和蒙古高壓的減弱、北縮，六月上中旬到七月上中旬暖濕的南方海洋氣團與冷乾的北方大陸氣團在長江中游上空交會，並在此相對穩定，形成降水特別集中的時期，此時正是梅子成熟的季節，故稱「梅雨」。梅雨期間的天氣，具有雨日多、雨量大、濕度大、日照少、升溫緩慢、地

1　中國科學院《中國自然地理·歷史自然地理》編輯委員會：《中國自然地理·歷史自然地理》，科學出版社，1982年，第130頁。

2　譚其驤、張修桂：《鄱陽湖演變的歷史過程》，《復旦學報》，1982年第2期。

面風力弱等特點。七月上中旬後，太平洋高壓進一步北移，長江中游進入副熱帶高壓控制下的乾燥晴熱的盛夏時期。

秋季，是夏季風向冬季風的過渡季節，九月到十月間，我國低空氣流變化疾速，由於蒙古冷高壓勢力增大，冷高壓楔已伸至長江中游地區，冬季風基本形成。本地區氣溫下降快，當冷空氣進入時，也可形成短期降水過程；鄂西、湘西則秋雨連綿。

冬季，本地區正處於寒潮和冷空氣南下擴散的路徑之中，往往引起大範圍劇烈降溫和冷風。本地區經常處在乾冷氣流的控制之下，是全年氣溫最低和降水量最少的季節。

本地區的熱量資源豐富，光能充足，無霜期長，活動積溫高，為農業生產提供了良好的條件。長江中游的大部分地區處於中亞熱帶，只有湖北部分地區處於北亞熱帶。年降水豐沛，比華北地區多一至二倍，大部分地區在八百至一千六毫米之間，氣候濕潤，是我國主要水田農業之一。

❷·水量豐富的江河湖泊

長江中游包括宜昌至湖口河段，宜昌以上長江上游段有岷江、沱江、嘉陵江、烏江等河流匯入。長江中游段河道迂迴曲折，其間接納了洞庭湖水系的湘、資、沅、澧諸河，鄱陽湖水系的修、贛、撫、信諸河，以及發源於陝南、豫西南和鄂西北的漢江水系。長江的水量在中游增多較快，徑流（在水文循環過程中，沿流域的不同路徑向河流、湖泊、沼澤和海洋彙集的水流。）普遍較豐沛，但在不同的時間段上流量大小不均勻。由於本地區河流水量以雨水補給為主，因此徑流的季節差異主要取決於降水的季節分配，而後者又明顯地受季風影響。在夏季，江河水位比較穩定，水量充沛。

長江中游地區是中國湖泊最為集中分布的地區之一，星羅棋布，它們不僅是重要的淡水資源和水產養殖基地，也是巨大的天然水庫，對調蓄長江洪水有重要作用。湖泊主要包括江漢平原湖區、洞庭湖平原湖區和鄱陽湖湖區。江漢平原湖

區在新中國成立初期有大小湖泊共1066個，其中較大的有洪湖、梁子湖、斧頭湖、長湖等，前兩個湖泊面積均在200平方公里以上。這些湖泊湖底淺平，水質良好，餌料充足，水產資源豐富。然而，由於多年來自然淤積和人工圍墾，湖泊數逐漸減少。

❸ · 過渡性的亞熱帶植被與土壤

長江中游地區的自然植被在分布上呈現明顯的南北過渡性。在長江以北的涼亞熱帶地區為常綠、落葉闊葉混交林。但在鄂北是為地帶性的植被類型分布於崗地、丘陵及山地垂直帶的基帶內，而在其他地區大多作為山地垂直帶譜（指山地自下而上按一定順序排列形成的垂直自然帶條列）的組成部分。典型常綠闊葉林則廣布於長江以南的暖亞熱帶地區。本區的針葉林主要有馬尾松林和杉木林，均屬於暖性常綠針葉林。竹林分布最廣泛的是毛竹。本區經濟植物和果木非常豐富。在北部涼亞熱帶地區，茶、油桐、油茶、柑橘等有一定分布，暖溫帶的落葉果樹如蘋果、梨、桃、杏、板栗等在許多地方也可栽培。在南部的暖亞熱帶地區，木本油料植物油茶、油桐及烏桕等分布廣泛。茶葉是本區的特產之一，果木中以紅橘和甜橙最為著名。

長江中游地區地帶性土壤為黃棕壤和紅、黃壤。黃棕壤是北部涼亞熱帶的地帶性土壤，集中分布在湖北省的長江沿岸。長江以南的低山丘陵區，包括江西、湖南兩省的大部分，為紅壤分布區域。湘西、贛北一帶，為紅壤向黃壤或向黃棕壤的過渡土壤類型——黃紅壤。在長江中游平原區還廣泛分布著水稻土。此外，本區還分布著一定面積的石灰性土。

❹ · 自然生態環境對人們飲食的影響

長江中游地區地形以丘陵低山、平原為主，境內河網交織，湖泊密布，是全國淡水湖泊最集中的地區之一。又地處亞熱帶，有著雨熱同季、光照協調的氣候資源。它四季分明，氣候溫暖濕潤，熱量、雨量充沛，無霜期長，適宜於農林牧副漁各業的全面發展，是著名的魚米之鄉。糧食生產特別是稻穀生產在全國居於重要地

位。淡水產品極為豐富，主要經濟魚類有青、草、鰱、鱅、鯉、鯽、鯿（biān）、鮰、鱤、鱖、鰻、鱔等，還富產甲魚、烏龜、泥鰍、蝦、蟹、蚶等小水產，許多質優味美的魚類如長吻鮠、團頭魴、鱖魚等聞名全國，在兩千年前的漢代就有「飯稻羹魚」之稱。此外，還有豬、雞、鴨、野鴨、蓮藕、板栗、紫菜苔、桂花、猴頭菇、香菇、獼猴桃等眾多量多質優的動植物原料。山區盛產竹筍、蕈、蕨等山珍野味。

長江中游地區空氣潮濕，氣候往往導致人體風寒溫熱內蘊，抒發不暢。因此本地區的食品以辣見長。在古代，本地區的先民在食物中加入薑、蒜、胡椒等辛辣調味品，以達到提熱、祛濕、驅風、增進食慾之功效。明末清初，辣椒傳入並被食用後，更是滿足了人們的需求。嘉慶《龍山縣志》載：「五味喜辛，不離辣子，蓋叢岩邃谷，水泉冷冽，嵐霧燻蒸，非辛不足以溫胃脾。」在潮濕悶熱的環境下，酸味可以大開食慾，與辣味結合在一起，既可減輕辣味的直接刺激而更加適口，又有助於散發體內的風寒濕熱。這個地區的人還嗜苦味，在春秋戰國時期就用豆豉來調苦味，豆豉驅寒解表，健脾養心。

長江中游地區空氣濕度大，一般食物如果不及時加工處理，則容易發霉變質。在古代，人們為了保存宰殺的禽畜作為長期的食物，最普遍的加工方法就是將其用鹽或酒糟等醃製加工，較長時間保留在醃製器皿中的動物性原料將會逐漸發酵變酸而成為酸肉、酸魚之類；稍微醃製後便取出讓其自然風乾的則成為風雞、風魚等；再進一步經煙熏而成的就是臘製品，醃臘風味成為本地區的食品特色。

第一章 概述

第二節　行政建制沿革與人口變遷

一、行政建制沿革

行政區劃發端於原始社會末期，那時以血緣關係為紐帶的氏族部落集團開始由地域性的部落聯盟緩慢地向國家政區組織形式轉化。在古代傳說中，黃帝時代就

15

有「畫野分州」、建制萬國的記載。[1]長江中游地區的鄂、湘、贛大致屬荊、揚、豫三州，主體部分在荊州。按《禹貢》所分，湖南全省、湖北大部及江西西部屬荊州，湖北北部屬豫州，江西東部屬揚州。西周以前，長江中游地區與中原地區相比顯得較落後。新石器時代江漢地區的土著是三苗，後來楚人祖先祝融部落集團從河南沿鄂西北進入湖北。商代，殷人稱分布在其南境的祝融諸部為荊。西周早期楚國始封，《史記・孔子世家》記載：「楚之祖封於周，號為子男五十里。」周王封給熊繹的是一塊蠻荒的彈丸之地。到楚國鼎盛時期，包括鄂、湘、贛長江中游在內的大半個中國俱在楚國版圖之內。《史記・貨殖列傳》中講楚分西、東、南三楚：「自淮北沛（今江蘇北境）、陳（河南陳州）、汝南、南郡，此西楚也（大致從沛郡西至荊州）。」「彭城以東，東海、吳（蘇州）、廣陵（揚州），此東楚也（大致從徐州、東海、歷揚州至蘇州）。」「衡山（湖北東境至安徽六安）、九江（安徽蚌埠、鳳陽等市縣）、江南（安徽宣州）、豫章（江西）、長沙，是南楚也」。

秦代湖北境內除置南郡外，餘地分屬衡山郡、南陽郡、漢中郡、黔中郡；湖南置長沙郡和黔中郡；江西境內無郡治，大部分地方隸屬於九江郡，東北端可能屬會稽郡，西部邊沿可能屬長沙郡。西漢晉代湖北、湖南主要屬荊州；江西主要屬揚州。元代湖北、湖南主要屬湖廣行省、四川行省、河南江北行省；江西主要屬江西行省、江浙行省。明代湖北、湖南屬湖廣布政使司；江西屬江西布政使司。清代湖北屬湖北布政使司；湖南屬湖南布政使司；江西屬江西布政使司；當今形成湖北、湖南、江西三省格局。

長江中游地區除了春秋戰國時期曾屬楚國領地，處於同一個政治中心政權的統轄外，其他各時期並未完全從屬於一個行政機構，也就是說尚未形成管轄全地區的政治中心。但我們也注意到本地區湘鄂贛各地自先秦時期始即同受楚文化的薰陶後，並在一個共同的地理大區內互為鄰里，由於它們類似的地理環境，氣候物產，因此有割不斷的親緣關係，並形成相對的、涵蓋本地區全境的政治、經濟、文化中

1　班固：《漢書・地理志》，中華書局，1962年。

心。特別是在春秋戰國、漢、晉、唐、明等朝代均形成了涵蓋長江中游大部分地區的政治中心。本區政治中心遷移的基本趨向是從鄂西北的南漳、宜城、襄樊地區往南推進到位於荊江河曲的江陵地區和位於洞庭湖平原的長沙、常德地區，然後向東南轉移到位於贛北鄱陽湖一帶的南昌、九江地區，最後向西北折遷到長江、漢水交匯的武漢地區。至清康熙二年（西元1663年），分湖廣為湖北、湖南二省。從行政區域上講，湘、鄂、贛三省已完成分立且一直保持相對穩定的地理區域，並分別以長沙、武漢、南昌為各自的政治中心。

綜上所述，長江中游地區先後出現過五個大的政治中心，它們分別是南漳、宜城、襄樊地區；江陵地區；常德、長沙地區；南昌、九江地區；黃岡、鄂州武漢地區（均用現代地名）。這幾個地區除了常作為鄂、湘、贛各分區的政治中心外，都曾作過長江中游地區主體部分的政治中心，其演變過程大致如下：

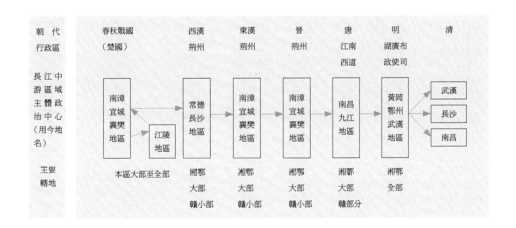

在中國歷史上，大到一國，小到一地，其政治中心往往與經濟中心、文化中心之間密切相連。從前文所述政治中心的遷移可大體看出長江中游地區的開發歷程，以及各地在不同時期的基本經濟狀況。楚人祖先從河南進入長江中游地區的鄂西北後，「辟在荊山，篳路藍縷，以啟山林」，使南漳、宜城一帶得到較早的開發，故最早成為楚國在長江中游地區設立的政治中心——楚丹陽。隨著楚文化的南漸，對南方「蠻夷之地」的開發，使得政治中心南移已成必然之勢。

包含飲食文化在內的文化中心的遷移與形成，主要受經濟與政治中心遷移的影響。其中經濟因素是制約文化發展最基本的、穩定的因素。

二、人口的變遷

❶·人口的變化

長江中游是我國古文明重要的發源地之一，鄂、湘、贛各地都留有先民的足跡。今湖北省境內，有舊石器時代活動於鄂西的長陽人，有新石器時代興起於鄂中地區的屈家嶺（京山縣）文化。湖南省境內有很多原始社會人類活動的遺址，在湘南的桂陽、湘西的吉首、湘北的澧縣等地均有發現，屬於新石器時代的就有一百餘處。江西省境內的史前文化遺址，有樂平縣湧山岩遺址和安義縣龍津鎮的樟靈崗、鳳凰山、上徐村北等遺址。新石器時代的遺址有萬年縣仙人洞文化遺址和修水縣山背文化遺址等五六十處。

進入奴隸社會，夏商時期長江中游有了進一步發展，特別是春秋戰國時期，強盛的楚國已建立起包括鄂、湘、贛三省在內的龐大國家。湖北的襄樊至江陵一線已得到較大的發展。長沙也已成為當時的一個重要城邑。自此時起，鄂、湘兩省在數千年的歷史長河中，直至清代一直以楚、荊、荊楚、荊湖、湖廣等二者合一的名稱出現。春秋戰國時期，江西時而屬楚，時而屬吳、越，時而分屬楚、吳、越，歷史上稱江西之地是「吳頭楚尾」，或說「南楚之地」。這些地方的變遷與興衰，直接影響著該地區人口結構與數量的變化。

筆者據相關資料[1]統計分析，長江中游地區各時期人口變化情況有如下特點：

第一，長江中游地區歷代人口的升降從總的趨勢上講，從西漢末至東漢中後期升；東漢中後期至西晉為降；東晉至元代一路攀升，特別是宋末至元代，人口上升迅速；元代至清初一直下滑，特別是明末清初下降較快；清初至清末急遽上升；清末民初又經曲折；新中國成立後又急遽上升。

第二，歷代長江中游地區人口在全國總人口中所占比例，從總趨勢上看，從西漢至西晉一直上升，此後開始下降，隋唐處於低谷，唐以後一直快速高漲，至元代達到頂點，然後又直線下降，至清初停止下滑，開始上揚，清中葉穩定在較高比例上，然後下降。

❷‧民族構成

據一九八二年的統計，鄂湘贛地區的居民以漢族為主，高達95%以上，少數民族有苗族、土家族、瑤族、侗族、畲族、維吾爾族、回族等40多個。具體來說，至一九八二年，湖北省共有43個民族，其中漢族的比重為96.28%，土家族為3.11%，少數民族絕大部分都分布在恩施地區。湖南省已識別的民族共有39個，其中漢族占95.94%，苗族占全省少數民族總人口的34.7%，土家族占34.0%，瑤族占14.5%，侗族占12.5%。江西省共有39個民族，其中漢族占99.93%，比重之大居全國首位，少數民族僅占總人口的0.07%，人口較多的回族和畲族也不超過8000人。[2]

1　在統計長江中游地區各省歷史上戶口數時，各郡縣戶口數劃入何省主要依據：梁方仲編著：《中國歷代戶口、田地、田賦統計》，上海人民出版社，1980年；並參閱了胡煥庸、張善餘著：《中國人口地理》下冊，華東師範大學出版社，1986年；譚其驤主編：《中國歷史地圖集》（1-8冊），地圖出版社，1985年；汪受寬編著：《讀史基礎手冊》，吉林文史出版社，1990年；潘新藻著：《湖北省建制沿革》，湖北人民出版社，1987年；《湖廣通志》卷三「沿革志」；《湖南省志》第二卷「地理志」修訂本上冊，1982年；許懷林著：《江西史稿》，江西高校出版社，1993年；中華人民共和國民政部編：《中華人民共和國縣級以上行政區劃沿革》，測繪出版社，1987年。

2　胡煥庸、張善餘：《中國人口地理》下冊，華東師範大學出版社，1986年，第183頁。

第三節　飲食文化發展階段的劃分及其特點

　　長江中游地區飲食文化歷史悠久，其發端於石器時代，經楚人的開拓，經歷了秦漢至南北朝的積累期，隋唐宋元的成長期，至明清已成熟定型。二十世紀以來，進入了繁榮轉型期。[1]

一、飲食文化的萌芽期

　　長江中游地區是中國古代人類的發祥地之一。根據考古發現，距今約100萬至50萬年就有古人類在這裡生活。那時的猿人已能使用簡單的石製工具進行狩獵或採集，過著「食草木之實，鳥獸之肉」的生活，並開始了由生食向熟食的過渡。十萬年前，湖北長陽下種家灣龍洞中有「早期智人」在這裡生活，他們學會了人工取火和用火，並掌握了烤、炙、炮、石烘的製食方法。至新石器時代，這裡出現了大溪文化、屈家嶺文化、青龍泉文化和印紋陶文化。人們學會了種植糧食、飼養畜禽，能製作並使用陶製炊具蒸、煨、煮製食物。

二、飲食文化的開拓期

　　夏商周時期，長江中游地區飲食文化迅速發展，隨著楚國的強盛，楚文化凸顯出奪目的光彩。楚人之先祖祝融集團處於三苗與中原夏人之間，長期掙紮在強鄰的脅迫之中。周成王時，楚人在荊山立國。楚人發揚「篳路藍縷」的艱苦創業精神，兼采華夏文化和蠻夷文化之長，發憤圖強，終於將楚從方圓不過百里的蕞（zuì）爾小邦，發展成威震江南、雄兵百萬、方圓五千里的煊赫大國。西元前五〇五年至前二七八年為楚國的鼎盛期，楚人創造了光芒四射的楚文化。除了農業、商業、城市

1　趙榮光、謝定源：《飲食文化概論》，中國輕工業出版社，2000年，第69-76頁。

建設有突出成就外，它的青銅冶鑄工藝、髹（xiū）漆工藝及美術、樂舞等均有較高造詣。這些文化藝術都從不同角度滋養著楚國的飲食文化。形成了自古以來，楚人追求美食，注重飲食質量，烹調意識強烈，具有較強的烹飪技術的多種優勢，有些烹調技術還上升到理論的高度，對烹飪實踐起到了促進作用。關於菜餚口味的標準，《楚辭·招魂》中就做了總結：「食多方些」「辛甘行些」「臑若芳些」「厲而不爽些」等。此時的楚國經濟昌盛，文賦紛華，飲食文化迅速發展，並形成了獨特的風格特點。那個時候，一些哲人就把廚藝與政治哲學相類比，楚人老子用「烹小鮮」來比喻「治大國」；莊子的《庖丁為文惠王解牛》，生動地描繪了庖丁精湛的技術旨在說明做任何事情都要順其自然，以此解析人在社會生活中的一些道理。

❶·糧果畜禽原料豐富

隨著楚國農業的快速發展，食源空前充足。其主要糧食作物為稻、粟、稷、麥。西元前六一一年「楚大飢」，位於楚西方的幾個國家乘機攻楚，楚尚能從糧倉裡拿出糧食以供軍需，可見糧食儲存之豐。《戰國策·楚策》記蘇秦遊說楚威王，言楚「粟支十年」。《楚辭·大招》中記載了楚地眾多的蔬菜瓜果及畜獸禽鳥、水產品種，反映出當時食物品種十分豐富。

❷·發達的青銅食器和先進的烹調技術

楚國的青銅器大體可分為飪食器、酒器，盥（guàn）、水器，樂器及其他四大類。飪食器有鑊、鼎、鬲（lì）、甗（yǎn）、簋（guǐ）、敦、豆、俎（zǔ）、盞、匕等。其中，一九八七年湖北隨縣（今隨州市）曾侯乙墓出土的一個青銅爐盤，高21.2釐米，分上下兩層。出土時上盤有魚骨，經鑑定為鯽魚，盤邊有煙熏火烤痕跡，據考證，當為煎、炒食物的炊具。也就是說，楚國除沿用燒、烤、煮、蒸等直接用火製作以及水煮、汽蒸等烹調方法之外，還出現了煎、炒類油烹方法。由單純用水及水蒸氣為介質烹調發展到用油烹調，這是烹調史上的一次飛躍。

❸・精美的漆製食器

楚國漆器的種類相當豐富，按用途可分為生活用具、娛樂用具、工藝品、喪葬用品和兵器等。飲食用器有幾、案、俎、笥（sì）、盒、匣、豆、樽、壺、鈁、耳杯、盤、匕等。楚漆器造型精巧，紋飾優美，無論數量還是質量，都堪稱列國之冠，並大量輸往各諸侯國，被各諸侯、王公貴族使用和收藏。

❹・菜品製作已十分講究

隨著國家的強盛和經濟的繁榮，楚國的物產不斷豐富。家養自種的畜禽五穀、漁獵捕捉的山珍野味均進入了人們的「餐桌」。由於烹飪器具的改進，人們可以採用鋒利的刀將原料切割得精細、均勻；鹹、甜、酸、辛香等調料的廣泛採用，可使菜餚風味增強；廚師可以用煎、炒、蒸、煮、燜、燒、烤等多種烹調方法，把肴饌做得豐富多彩。那時，人們的飲食已有主食、副食之分，飯、菜、湯、點之別。筵席上也開始講究口味與菜點的搭配、作料的協調使用，以及上菜順序的銜接。

❺・具有鮮明楚鄉情韻的飲食風俗

楚人立於東西南北之中，介乎華夏與蠻夷之間，在其開疆拓土的擴張過程中，既頑強地保持了浪漫的情調和淳樸氣息的傳統，又廣泛吸收了周邊各民族的文化菁華，形成了色彩斑斕的民情風俗。楚人的飲食場所及設施都有著自己的風格，房屋追求高廣，而室內擺設卻是低矮的。楚墓出土的幾、案均為矮腿，符合當時席地而坐的習慣。楚人尚左、尚東、尚赤，至今鄂菜的菜品中紅色的菜餚占相當比例。

楚人有獨特的飲食嗜好，喜歡芳香飲料，尤愛飲酒，愛吃魚和稻米飯、菰米飯。那時等級森嚴，不同等級的人能否吃肉，能吃多少種肉，吃什麼樣的肉都是有規定的，而魚則是上至君侯，下至百姓均可食用的肉類食物。楚人的飲食講究「五味調和」，酸甜苦鹹辛俱全。

三、飲食文化的積累期

秦漢魏晉南北朝時期，長江中游地區的飲食文化經過約八百年的積累，已彰顯出濃厚的文化底蘊，主要呈現出以下幾個主要特點：

❶·「飯稻羹魚」特色形成

楚文化發源地，在經歷了幾個世紀的積累、開發之後呈現出一派生機。自東漢末開始，歷經魏晉至南北朝，中國的氣候轉入了近五千年來的第二個寒冷期。北方氣候惡劣，戰亂頻繁，民不聊生，致使大量人口南遷，為長江流域的開發注入了「新鮮血液」。長江中游水田廣布，稻穀成為人們的主糧。又因河湖密布，魚鮮產品得自天然，既多且賤，所以魚蝦成為人們的重要副食品，長期以來魚米豐足，逐漸形成「飯稻羹魚」的飲食文化特色。

❷·食物加工器具與灶具的改進

漢代以前，中國的糧食加工大體經歷了巨石碾盤、臼杵兩個歷史階段；漢代以後，旋轉磨的廣泛使用，使麵粉、米粉製品和豆製品大量進入了百姓的餐桌。煉鐵技術的進步，鐵製刀具的使用，給屠宰和烹調切割提供了鋒利的工具。鐵釜和鐵鑊能耐高溫，給煮燉和爆炒食物提供了更有利的器具。多火眼灶的使用，既節省了能源和烹調時間，又可一灶多用，使用方便。煙囪的改進，可以提高灶的火力和溫度，為提高烹調速度和菜餚質量創造了條件。工具的改進，促進了烹飪技藝的進步，使煎、炸等油烹法得到普及，也使菜餚向精細美觀、質感多樣、味感豐富的方向發展。

❸·食物種類繁多，形成一批荊楚名肴

從湖南長沙馬王堆漢墓中發掘出了一大批食品實物和記載著食物名稱的十個木牌，匯總起來相當於現在的食單或菜譜。一九七二年春天首次發掘的馬王堆漢墓出土的食物種類極多，其中「食簡」就記有一百五十種。墓中四十八個竹笥中就有

三十個盛有食品。此外，在湖北雲夢睡虎地秦墓、江陵鳳凰山漢墓中也出土了大量記載食物名稱的簡牘和食品實物。

荊楚菜品在當時享有很高的聲譽。《淮南子》有「煎熬焚炙，調齊和之適，以窮荊、吳甘酸之變」的讚美。西漢時枚乘《七發》讚美楚食饌為「天下之至美」。

「武昌魚」「槎（chá）頭鯿」「鏤雞子」等名食脫穎而出。三國時，吳國曾兩次遷都武昌（今鄂州），有民謠「寧飲建業水，不食武昌魚」，是說建業的百姓眷戀家鄉，不願遷都去武昌，寧可就喝家鄉的水，也不去吃武昌的美食——魚。這則民謠從側面反映出「武昌魚」在當時有較高的知名度。南北朝時鄂西北襄陽所產的槎頭鯿曾作為貢品送往建康，因負責辦此事的官員是雍州刺史（鎮襄陽）張敬兒，後來有人給襄陽峴山鯿魚加了個「槎頭刺史」的官銜。晉代江陵還出現了經過雕刻美化了的雞蛋「鏤雞子」，揭開了我國食品雕刻藝術新的一頁。

❹·荊楚飲食風尚已初步形成

梁朝宗懍（lǐn）所著《荊楚歲時記》全面地反映了當時長江中游地區人們歲時節令的飲食風貌。其中還提到了食療食養觀念在這一時期已經形成。

四、飲食文化的成長期

隋唐宋元時期，長江中游地區的飲食文化有了較大發展，並在諸多方面得以體現。

❶·飲茶之風流行與茶文化的形成

這一時期，長江中游地區飲茶之風盛行，種茶也作為不少人謀生的職業。復州竟陵（今湖北天門）人陸羽將儒、釋、道三家文化精髓與飲茶融為一體，首創中國茶道精神，著就了堪稱「茶學百科全書」的《茶經》，自此確立了中國茶文化的基本格調和文化精神。

❷・士大夫階層飲食文化的興起

唐以前的菜餚多講究肥厚，製作上也較粗放，直至唐代，士大夫的飲食生活仍有古風。到了文化高度繁榮的宋代，壯志難酬的有識之士越來越多，他們開始注重日常飲食與內心世界的協調。由於他們有一定的經濟基礎，有條件講究吃喝而又有較高的文化修養和敏銳的審美感受，對精神生活有較高的追求，這勢必會提高飲食生活的藝術性、文化品位和格調，令飲食格調清新雅緻，具有濃厚的文化色彩。

隋唐宋元時期，本區文化名流輩出，唐初，王勃赴滕王舉辦的盛宴，興奮之餘贊江西「物華天寶，人傑地靈」。孟浩然、杜甫、陸羽、皮日休、王安石、歐陽修、文天祥、朱熹、曾鞏、黃庭堅、周敦頤等均為本區籍人士，而張九齡、李白、杜牧、蘇軾、柳宗元、范仲淹、陸九淵等眾多名士或在此為官，或客居於此。特別是江西，學風很盛，既有博學多才的文壇大家，又有眾多有志於學的普通文人，形成了一個人數可觀的士大夫階層。尤其是蘇軾、黃庭堅、朱熹等人在飲食文化方面的影響，使士人飲食漸成獨特風格。

❸・食品加工業的發展與飲食市場的形成

這一時期長江中游地區製糖業、釀酒業、製茶業等食品加工業發展較快。隨著城市的興起，餐飲市場也逐漸形成。

五、飲食文化的成熟期

明清時期的五百多年間，長江中游地區飲食文化進一步發展。

❶・糧食生產在全國居於舉足輕重的地位

到了明末至清中葉，長江中游地區的糧食生產在全國所占的地位已經十分突出，「湖廣熟，天下足」的諺語廣為流傳。

❷・甘藷、玉米等作物的引進對本地區的食物結構產生較大影響

甘藷、玉米及馬鈴薯的推廣，打破了長江中游地區居民的傳統食物結構。從總體上講，除水稻仍占主導地位，鄂北部分地區仍以麥糧為主外，雜糧構成已發生了明顯變化，即甘藷、玉米所占比重大增，傳統雜糧比重下降。

❸・傳統飲食風俗成形

長江中游地區傳統飲食風俗在春秋戰國時期既已萌生了具有地方特色的楚地食風，到了南北朝時期既已初具雛形，後經過一千多年的發展，至清末基本成形。

❹・飲食風味基本定型與食療養生理論成熟

明末清初辣椒的引入，促使長江中游地區形成了以鮮、辣、酸為顯著特點的飲食風味特徵。長江流域的江西、湖南和四川數省民眾都以嗜吃辣椒著稱。人們常不無戲謔地說江西人是「辣不怕」，湖南人是「怕不辣」。湖南甚至因為盛行吃辣椒的緣故，「湘妹子」也因此多了一個「辣妹子」的別稱。辣椒的引進和傳播，對長江中游地區飲食文化產生了深刻的影響。辣椒增強了湘菜、鄂菜、贛菜的表現力，特別是使湘菜更具個性，增加菜品的衝擊力和霸氣，為湘菜賦予了靈魂。

明代湖廣（今湖北）蘄春人李時珍所著《本草綱目》是我國歷史上的醫藥經典著作，書中對食物的食療保健功能作了全面介紹，對本地區及我國食療與飲食保健理論的發展起到了巨大的推動作用，使本地歷史上早就有的食療食養傳統得到進一步發揚光大。

六、飲食文化的繁榮期

清末民國時期，由於戰亂、人口的頻繁流動、南下的北人增多等諸多因素，使長江中游地區的飲食文化呈現大融合、大發展的局面。隨著飲食業的興盛，長江中游地區中的風味流派迅速發展，名菜、名點、名酒、名茶、名師、名店、名筵席層出不窮，食俗發生嬗變。與此同時，本區湘菜也開始走向全國，自此，長江中游地

區的飲食文化進入了繁榮時期。

❶ · 食物原料的交流與飲食結構的豐富

長江中游地區傳統菜餚的結構是：植物類以蔬菜為主，動物類以豬肉、禽類、淡水魚鮮類為大宗，其他種類菜餚所占比例極少。傳統主食結構中以米製品占絕對優勢，麵製品較少。本地區菜點的這種構成在十九世紀中葉以後發生了明顯變化，出現這種變化的主要原因是本地區食物生產結構的調整和外來海產品、牛羊肉、果品和麵粉的大量輸入，而外來食品的輸入則是引起本地區飲食結構變化的重要物質因素。

❷ · 餐飲業的迅速發展

人口的增加，商業的發達，使得長江中游地區的城鎮數量不斷增多，規模不斷擴大，餐飲業隨之發展和繁榮，出現了酒樓、飯館、風味熟食小吃店、包席館、西餐館及茶館等餐飲場所。

在經營特點上，民國初年的餐飲店已具備「中西大菜、南北筵席」的各色風味，這一時期成就了一批飲食名店，如老通城、五芳齋、小桃園煨湯館、老會賓、冠生園、曲園、玉樓東、奇珍閣、裕湘閣、徐長興、奇峰閣等。這些名餐館的菜品製作精細，重視火功，講究烹飪藝術，且服務熱情周到，講究文化情趣與環境衛生。

這一時期，長江中游地區的飲食風味各流派迅速發展，出現不少名菜、名點，以魚蝦等水產為原料的名肴眾多成為該地區的一大特色。豬牛雞鴨等畜禽名菜多色重味厚，經濟實惠，呈現出鮮明的鄉土特色。以米製食品為代表的麵點小吃異彩紛呈，一批名酒名茶脫穎而出。

❸ · 繁華城市的奢靡之風盛行

清末民國時期，由於食物原料的充足及餐飲業的發達，長江中游地區的城市出現了過度消費的景況，特別是湖南長沙、湖北武漢等較繁華的城市，筵宴奢靡之風盛行。

七、飲食文化的變革期

新中國成立以來，長江中游地區的食品科技與飲食文化競相發展，食品工業、餐飲業的發展日新月異。各地風味，各領風騷。人們的消費觀念向著健康快樂的方向發展，飲食文化處在不斷更新的變革期。

❶ · 少數民族飲食文化特色鮮明

長江中游湘鄂贛的少數民族，主要居住在多山的相對比較封閉的地區，飲食資源古樸而天然；飲食習俗豪放，熱情好客；崇祖重禮，尊老愛幼；同時還十分注重飲食的養生保健作用。

❷ · 各具特色的地域飲食

長江中游各地區飲食風味有同有異，相同之處是繼承了楚人注重調味的特點，以淡水魚蝦菜品為主要食材，擅長煨、蒸、燒、炒等烹調方法，喜食鮮味、辣味的食品。不同之處是，形成了風味各異的湘菜、鄂菜及贛菜三個地方流派。鄂菜以鮮味為本、中庸兼容，湘菜以酸辣為魂、陽剛霸氣，贛菜以香辣為魄、剛柔相濟。

❸ · 吃出健康吃出快樂的飲食理念

當今中國餐飲潮流的主旋律已經是營養與品味相結合的新曲調。人們在滿足溫飽後，開始追求飲食享受、講究科學膳食。飲食已朝著快樂化、營養化、便捷化方向發展。

人們的審美情趣也在悄然變化，他們既欣賞「古色古香」，又追求「新潮現代」，特別是年輕人，對「洋味」和流行食品充滿濃厚的興趣。許多人已不再那麼崇尚山珍海味了，「正宗」觀念也淡漠了，更信奉「食無定味，適口者珍」。「迷宗菜」「江湖菜」「新潮菜」頗有市場。

新中國成立以來長江中游地區居民飲食生活的發展經歷了從粗茶淡飯，勉強吃飽到基本解決溫飽，再到雞鴨魚肉進入尋常百姓家的幾個階段；居民的飲食生活水

平已有大幅度提高，開始向小康生活邁進。

❹ · 食品工業與餐飲業得到快速發展

食品工業的發展從低谷到繁榮。食品工業在新中國成立後的前三十年發展緩慢。改革開放後，食品工業快速發展，成為長江中游地區的重要支柱產業；產品質量明顯提高，形成了一批優勢品牌；食品工業結構調整成效顯著，方便食品、綠色食品快速發展。餐飲業在改革開放後得到巨大的發展，從恢復「老字號」到「新字號」的崛起，再到餐飲業白熱化的品牌競爭，一路迅跑。

第二章

史前時期飲食
文明之濫觴

根據考古發現，距今約100萬至50萬年，長江中游地區就有古人類在這裡生活。那時的猿人已能使用簡單的石製工具進行狩獵或採集，過著「食草木之實，鳥獸之肉」的生活，並開始了由生食向熟食的過渡。至10萬年前，在今湖北長陽下種家灣龍洞中發現有「早期智人」生活過的遺跡，他們學會了用火和人工取火，並懂得了烤、炙、炮、石烘等烹製食物的方法。至新石器時代，這裡曾出現了大溪文化、屈家嶺文化、青龍泉文化和印紋陶文化。當時人們的食物範圍擴大了，既有自己生產的糧食，自己飼養的畜禽肉食，又有採集的蔬果，漁獵的野生禽獸和魚、龜等水產品。並能製造和使用鼎、釜、鬲、鬹（guī）、甑、甗、豆、杯、碗等陶製炊飲器，能用陶製炊具蒸、煨、煮製食物。

第一節　舊石器時代人類的飲食生活

一、舊石器早期人類的飲食生活

❶·古老的人類發祥地

長江中游地區是我國古代人類生息繁衍地之一。一九七六年發現的鄖陽猿人，據推測距今約100萬至50萬年，屬晚期猿人。在湖北鄖縣梅鋪龍骨洞先後經過採集和發掘，發現四顆均屬左側的猿人牙齒，伴出的哺乳動物化石主要有嵌齒象、桑氏縞鬣（liè）狗和小豬等一九七六年在湖北鄖西縣神霧嶺白龍洞，發現猿人左上第二前臼齒、左下第一前臼齒各一顆。同時出土的動物化石計有鬣狗、豬、豪豬、牛、犀牛、劍齒象、大熊貓、熊、獏、獾、虎、豹、竹鼠、鹿、麂、羊等19個種類。[1]

早期猿人主要靠採集天然的果實、幼芽、嫩葉、根莖為主，以捕捉昆蟲，以及

1　吳永章：《湖北民族史》，華中理工大學出版社，1990年，第1頁。

▶圖2-1 湖北舊石器時代鄖西人用火後的灰燼
（湖北省博物館、湖北省文物考古研究
所網站）

一些雛鳥、龜等小型動物充飢。正如《淮南子・修務訓》中所說，「古者，民茹草飲水，採樹木之實，食嬴蠪（lóng，通『蚌』）之肉。」在人類的早期，為了生存，他們逐漸把狩獵作為補充食物的重要來源之一。同時先民們對工具進行改進，以便能獵獲更多的肉類食物，從而使食物中的肉類比重有所增加。

❷・火的運用與熟食開始

在這一時期，人類飲食史上發生了一件劃時代的大事，即火的利用和控制。然而，人們對火的認識和掌握，卻經歷了一個極為漫長的過程。

火是一種自然現象。人類在長期勞動和與火接觸的實踐中，逐漸認識了火的性能，使火為人類服務，造福於人類。

火的使用是人類飲食史上的一個里程碑，使人類從此結束了「茹毛飲血」「生吞活剝」的時代，由生食變為熟食，使烹調成為可能。使許多難以下嚥、質地堅硬、味道苦澀的植物經加熱成熟後變得可口且易於消化了；使味道腥臊、難以下嚥、不易消化的動物性原料，在燒熟後產生香味和鮮美的口味。可以說，火的使用「第一次使人支配了一種自然力，從而最終把人同動物界分開。」[1] 火的使用，使人

1　恩格斯：《反杜林論》，《馬克思主義恩格斯全集》第20卷，人民出版社，1979年，第126頁。

類擴大了食物的品種和範圍，使人體吸收了更多的營養，從而大大地促進了人類體質的發展，特別是促進了人類腦髓的發達。

當然，最初的熟食是極為簡單的，最原始的辦法是燒和烤。人們將採集和狩獵的食物原料，用燃起的火堆燒熟植物子實、根莖，把動物的肉丟在木火餘燼中煨燒，或以樹架木架起來烤。

二、舊石器中晚期人類的飲食生活

稍晚於北京猿人的人被稱為「古人」（早期智人），約從五萬年前開始至一萬年前的人稱「新人」（晚期智人）。古人比猿人的體質有所進步，已基本接近於現代人類，智慧也比較發達，勞動工具已有了相當的改進，例如工具的刃部均較鋒利，類型也不斷增多，食物來源和種類也在增加。這一時期的人類飲食生活已進入原始的以漁獵為主的時代。

一九五七年發現的長陽人，時代距今約十萬年，屬古人，發現於湖北長陽下鍾家灣龍洞。長陽人遺址中出土的動物化石有：鬣狗、豬、豪豬、水牛、劍齒象、大熊貓、獏、獺、虎、竹鼠、古豺等十餘種。一九八〇年在長陽果酒岩發現一批人類及動物化石。[1]在湖南桂陽木墟岩出土了一件磨製刻紋的骨錐，屬新人化石和舊石器晚期遺存。

隨著漁獵經濟的發展，人們常因追逐野獸而轉移，過著游居生活，當時要保存和傳遞火種是很困難的。所以，發明人工取火就成為當時迫切的社會需求。到舊石器中晚期，人類已能掌握用打擊石頭的方法人工取火了。隨著磨製技術和鑽孔技術的出現，人類又發明了摩擦、鋸木和壓擊等取火方法。這些方法雖然在我國舊石器考古學中已找不到具體例證，但在古代傳說裡卻有這類記載，《韓非子・五蠹》曰燧人氏「鑽燧取火以化腥臊」；《太平御覽》第八百六十九卷引《河圖挺佐輔》「伏

1　中國社會科學院考古研究所編：《新中國的考古發現和研究》，文物出版社，1984年，第17頁。

羲禪於伯牛，錯木作火」等。

人工取火的發明，對飲食的影響是巨大的。人們可以隨時燃起火把，在黑暗中追擊野獸，甚至燒林圍獵，使人們的獵物大增。熟食的普及，大大地縮短了人們消化食物所需要的時間，減少了疾病，增進了健康，促進了大腦的發展，延長了人類的壽命。人工取火的發明，是人類認識自然、進而利用自然的第一個偉大勝利，是人類從必然王國向自由王國邁出的一大步，使人類的飲食生活進入了一個全新的階段。

舊石器中晚期，採集、狩獵經濟仍然是人們生產活動的中心。在長期狩獵實踐中，人們積累了經驗，改進了狩獵工具，提高了狩獵效率，促進了狩獵經濟的發展。這一時期，出現了石球、弓箭和網罟（gǔ）這些新的、具有代表性的狩獵武器。工具的革新換代，為捕捉禽獸、捕撈水族提供了有利的條件。《屍子》載：「燧人氏之世，天下多水，故教民以漁。宓羲之世，天下多獸，故教民以獵。」《易・繫辭》：「古者庖犧氏之王天下也……作結繩而為網罟，以佃以漁。」從文獻記載可以看到古人結繩為網的一些捕魚方法。

採集活動也有所發展。尖木棒、木製鶴嘴鋤可能是最常用的採掘工具，尖狀器可能是挖掘植物塊根時使用的。一般多採摘可食植物的果實、草籽和植物的塊根。

狩獵採集經濟的發展，為人類的相對定居提供了穩定的物質基礎，為農業、畜牧業的產生創造了條件，為人們飲食生活的改善奠定了基礎。

三、原始烹飪技術的產生

烹飪，伴隨著人類對火的控制和使用而產生。《易・鼎》：「以木巽火，亨（烹）飪也。」原始意義上的烹飪是極其簡單的，只是將生的食物放在火上燒熟而已。舊

石器時代的烹飪方法主要有如下幾種：[1]

燒，是一種最原始、最簡單的烹飪法，它與現代意義上的「燒」不同，製作時不用任何烹飪器，直接把獸肉或植物放入火中燒至熟或半熟。

烤，這種方法比「燒」出現得晚，它是利用火的輻射力使食物成熟，較之「燒」法進步。烤，是把肉類原料或可食的植物根莖、果實置於火堆旁烤；或者將食物用樹枝、竹竿串起來，架在火堆上方懸烤或斜插在火堆旁烤；或用泥土、樹葉、樹皮把食物包起來放置在火堆中烤。後來到了《禮記》成書的時代，將遠古的烹飪方法總結為四種，其中有三種似應歸烤製法內。《禮記・禮運》篇說：「昔者……未有火化，食草木之實，鳥獸之肉，飲其血，茹其毛。……然後修火之利，範金，合土，……以炮，以燔（fán，焚燒），以烹，以炙，以為醴酪。」文中的炮、燔、炙是遠古常用的烹飪方法。《說文・十下・炙部》：「炙，炮肉也，從肉在火上。」戰國簡書「炙」形作「炅」，像一塊吊著的肉在火苗上烘烤。這三種方法極為相似，彼此之間又有一些差異。《說文・十上・火部》：「炮，毛炙肉也。」字或作「炰（fǒu）」。段玉裁《注》：「毛炙肉，謂肉不去毛炙之也。」《禮記・內則》鄭玄《注》：「炮者，以塗燒之為名也。」可能是用泥塗在外面而用火烤，烤熟後，將泥帶毛一起剝下，相當於當今的泥烤法。《說文・十上・火部》：「燔，爇（ruò）也。」《詩經・大雅・生民》鄭玄箋：「傅火曰燔。」這是一種將成塊的肉一面一面平傅於火上翻烤的炙法，與「炮」法不相同。不但要烤熟，還要烤乾。「炙」《禮記・禮運》鄭玄《注》說，「貫之火上也」，大約與今天烤羊肉串之類相似，在古代常用此法烤魚。《詩經・小雅・瓠葉》鄭玄箋云：「凡治兔之宜，鮮者毛炮之，柔者炙之，乾者燔之。」

石烘，是一種通過燒熱的石板傳熱將食物烘烙成熟的烹調方法。遠古時代，人們在掌握了用燒烤的方法加工肉類食物之後，還有新的問題沒解決，有些小形體的植物性原料不像動物肉那樣容易串起來或包起來放於火上燒烤。通過實踐，先民發

1　姚偉鈞：《中國飲食文化探源》，廣西人民出版社，1989年，第99-100頁。

明了石烘法，即將食物置於扁平的天然石板上，石下燒火，利用石板傳熱令食物成熟。《禮記・禮運》孔穎達《疏》云：「其時未有釜甑也」，「以水淘釋黍米，加於燒石之上以燔之，故云『燔黍』。」就是指的石烘法。

石烹，是一種特殊的煮食方法。比燒烤烘法出現得晚。有人認為煮法發端於陶器的產生，其實不然。在陶器發明以前，人類已經發明了各種各樣的煮法。最盛行的方法就是這種石烹法，即先在木製、樹皮製或牛皮製成的器皿裡盛上水和食物，同時把一些石塊燒紅，繼而投入水中使水沸騰，從而把食物煮熟。

在陶製烹飪器具沒有出現之前，上述四種烹飪方法保持了相當長的歷史時期，所以三國蜀漢譙周的《古史考》上有這樣的記載：「古者茹毛飲血；燧人氏鑽火，始裹肉而燔之，曰『炮』：神農時食穀，加米於燒石之上而食之：黃帝時有釜甑，飲食之道始備。」

第二節　新石器時代人類的飲食生活

經過漫長的舊石器時代，人類漸漸進入了新石器時代，時間大約是距今一萬年。這一時期，掀起了人類文明史上的第一次「農業革命」。農業的興起，使人類脫離了僅僅依賴於環境的生存狀態，加速了人類社會發展的進程。

從長江中游地區新石器時代文化遺址分析，該地區有代表性的新石器時期文化遺址有大溪文化、屈家嶺文化和長江中游龍山文化遺址。「大溪文化」的發現，揭示了長江中游的一種以紅陶為主並含彩陶的地區性文化特徵。[1]「屈家嶺文化」主要分布在湖北地區，以江漢平原為中心，東起大別山南麓，西至三峽，北到豫西南，

1　《中國大百科全書》總編委會：《中國大百科全書・考古卷・大溪文化》，中國大百科全書出版社，1986年。

南抵洞庭湖北岸。以泥質黑陶和泥質灰陶為主要特徵。[1]此外，還有地處江漢地區，在時間上比屈家嶺文化稍晚的文化遺存，稱作「湖北龍山文化」，或泛稱為「長江中游龍山文化」。

一、從野生採集到人工栽培作物

先民在長期的採集實踐中，年復一年，經過反覆觀察，逐漸認識了某些植物的生長規律。他們發現，在適宜的土地、水分、氣候等條件下，有些種子可以發芽、開花、結果，有的還能移植。這是一個重大的發現。人們在實踐中漸漸地明白了某些植物的生長特性，便主動播種。經過反覆試種，終於摸索出了栽培作物的方法，催發了原始農業的產生。我國古書《白虎通・號》中講：「古之人民，皆食禽獸肉，至於神農，人民眾多，禽獸不足，於是神農因天之時，分地之利，制耒耜，教民農作……」《新語・道基》中又說：「至於神農，以為行蟲走獸，難以養民，乃求可食之物，嘗百草之實，察酸苦之味，教民食五穀。」這就是原始農業的真實寫照。

中華民族的祖先在農耕生產中因地制宜，將一些食用價值較大，種植較方便的野生植物，人工培育成為農作物。例如禾本科植物的子粒，既是充飢的好食物，乾燥後又易於保存到來年再種植，所以成為最早被先民們培育成糧食的農作物。如果說黃河流域孕育了我國最早的黍、稷，那麼，長江流域則培育了我國最早的稻穀。

歷年在本地區發現有栽培稻遺存的新石器時代遺址有：湖北京山屈家嶺、天門石家河、武昌洪山放鷹台、宜都紅花套、枝江關廟山、江陵毛家山、鄖縣青龍泉，江西修水跑馬嶺，湖南澧縣夢溪三元宮、永州道縣玉蟾岩和澧縣城頭山等。據不完全統計，截至目前，長江中游地區發現稻作遺存的新石器時代遺址多達60處以上，超過長江下游地區一倍多，超過其他地區數倍甚至十倍，而且所處年代之早也躍居

1　《中國大百科全書》總編委會：《中百大百科全書・考古卷・屈家嶺文化》，中國大百科全書出版社，1986年。

▶圖2-2 新石器時代炭化稻米，湖南澧縣夢溪鄉
　　　　八十遺址出土（湖南省博物館網站）

世界前列。二十世紀九〇年代初期，湖南省道縣玉蟾岩遺址發現了距今一萬年左右的稻穀遺存，是目前為止最早的稻穀遺存，後經專家證實為野生稻和人工栽培稻共存，「證實了長江中游（是中國，同時）也是世界上最早栽培稻類作物的地區，從而使學術界人士認識到必須對長江中游史前稻作遺存的發現成就、影響和它在中國稻作起源問題研究中的至關重要的地位。」[1]丁穎（1888-1964年），著名的農業科學家、教育家、水稻專家，中國現代稻作科學主要奠基人）先生曾對屈家嶺、石家河和放雁台三處標本作了鑑定，推斷其全部屬於粳稻，而且是我國比較大粒的粳型品種。

在湖南高坎壟遺址出土了大量的糧食儲存器，所出土的陶器，大多厚重、粗大。特別是罐、甕之類的儲存器更為突出。如出土的黑陶弦紋大甕，器皿高達52.3釐米，最大腹徑為41.5釐米，如果用它儲存糧食，足可盛約35千克。這反映了當時該地區的糧食生產和農業生產有了相當的規模。[2]

在農耕開始及播種穀物的同時，可能已開始了蔬菜瓜果的栽培。在江西修水山背房址的燒坑旁曾發現四粒岩化的花生和岩化的山核桃果實。《國語・魯語上》載：「昔烈山氏之有天下也，其子曰柱，能殖百穀百蔬。」這說明我國蔬菜的栽培和農作

1　向安強：《論長江中游新石器時代早期遺存的農業》，《農業考古》，1991年第1期。
2　舒向今：《湖南高坎壟新石器時代農業遺存》，《農業考古》，1988年第1期。

物栽培是同時出現的。蔬菜含有豐富的維生素、纖維素和礦物質，對人體的正常代謝和生命活動具有重要的生理意義。

農業的發展為長江中游地區提供了比較穩定的食物，從而提高了人類的物質生活水平，對家畜飼養業的發展也創造了有利的條件。

二、從狩獵到人工飼養牲畜

隨著人口的不斷增長，對食物的需求量越來越大，游移不定的狩獵經濟不能滿足需要。肉類食物獨特的鮮美滋味及豐富的營養刺激著社會的需求。恩格斯指出：「如果不吃肉，人是不會發展到現在這個地步的。」[1]他又指出：「肉類食物幾乎是現成地包含著為身體新陳代謝所必須的最重要的材料：它縮短了消化過程以及身體內其他植物性的即與植物生活相適應的過程的時間，因此贏得了更多的時間、更多的材料和更多的精力來過真正動物的生活。這種在形成中的人離植物界愈遠，他超出於動物界也就愈高。……但是最重要的還是肉類食物對於腦髓的影響；腦髓因此得

1　恩格斯：《勞動在從猿到人轉變過程中的作用》，《馬克思恩格斯全集》第20卷，人民出版社，1979年，第515頁。

到了比過去多得多的為本身的營養和發展所必須的材料，因此它就能夠一代一代更迅速更完善地發展起來。」[1]

在舊石器時代，人們對動物性食物沒有選擇性，捕了即食。當人類進入到新石器時期，農業出現了，人類開始了定居生活。定居生活為動物的馴養提供了必要的條件，人們逐漸將一些暫時吃不完的活的動物放在天然地洞內或圈以柵欄養起來，以備捕捉不到野獸時食用。隨著社會的發展，豢養的野獸逐漸增多，隨著時間的推移，一部分野獸的性情開始溫馴起來，進而馴化為家畜。正如《淮南子‧本經訓》中所說，人們在摸索中逐漸掌握了「拘獸以為畜」的馴養方法。

農業和畜牧業的產生與發展，標誌著人類有了穩定的食源。考古發掘表明，長江中游地區新石器時代已飼養了幾種家畜家禽。

❶ · 豬

已發現的長江中游地區新石器時代的豬骨骸有：

發現地點	物品	所引文獻
湖北鄖縣	豬骨	《考古》1961，10：526
湖北房縣七里河	豬頜骨	《江漢考古》1984，3：8
湖北宜昌楊家灣	豬骨	《江漢考古》1984，4：36
湖北隨州西花園	豬骨	《江漢考古》1984，3：13
湖北天門石家河	紅陶豬	《江漢考古》1980，2：103
湖南澧縣三元宮	豬骨	《考古學報》1979，4：463
湖南石門皂市	豬骨、豬牙	《考古》1986，1：10

從我國新石器時代遺址發掘的材料來看，新石器時代長江中游家畜數量最多的

1　恩格斯：《勞動在從猿到人轉變過程中的作用》，《馬克思恩格斯全集》第20卷，人民出版社，1979年，第515頁。

是豬。家豬的馴養和原始農業有密切的關係，它不同於牛羊等家畜可以游牧放養，養豬必須是以定居為前提的。長江中游地區因河湖密布，丘陵廣布、缺乏開闊的牧場，自然環境缺乏食草動物賴以生活的條件，而農耕生產的發展為飼養家畜提供了較多的飼糧。豬是雜食動物，耐粗飼料，繁殖快，早熟易肥，出肉率高。這些因素決定了長江中游先民主要畜養的不是牛、羊、馬，而是豬。由於該地區豬的餵養廣泛，所以豬肉是人們生活中最普通的肉食來源之一。這直接影響到長江中游地區飲食風格的形成，即以稻米、豬肉、魚類水產為主要食材的飲食文化。

❷ · 狗

在長江中游地區的不少新石器時期遺址中均發現了狗的骨骸。狗是最先被人類馴化的動物之一。狗的祖先是狼，遠古的人們出於狩獵的需要而豢養狗，狗成為人們狩獵時的得力助手。狗被馴養之後，人們發現狗易餵養，繁殖力較強，人們不太費氣力就可以獲得肉食。馴養狗的成功，為人類馴服其他動物提供了有效的經驗。狗雖為人們狩獵的幫手，但在獵物不足的飢餓之時，人們也是要殺狗充飢的。

❸ · 牛

牛在新石器時代已成為家畜。下列遺址中出土了牛的骨骸：

地點	物品	所引文獻
湖南澧縣三元宮	牛骨	《考古學報》1979，4：474
湖南石門皂市	水牛骨齒	《考古》1986，1：10
湖北黃岡螺蟲獅山	牛骨	《考古》1985，7：656

長江中游地區飼養的可能是水牛，表明水牛的畜養與水稻的種植有密切關係。當時沒有犁，不可能用牛耕田，但卻有可能和黎族人民的耕作方法相似，用牛來踩爛泥，隨後即播種。清《邊蠻風俗雜鈔·瓊黎一覽》載：「生黎不知耕種，惟於雨足之時，縱牛於田，往來踐踏，俟水土交融，隨以手播粒於土，不耕不耘，亦臻成熟焉」。不過，這一時期，人們養牛的目的是繼承漁獵時代的生活，以食其肉、用

其皮骨為主。

❹ · 羊

新石器時期長江中游地區羊的骨骼發掘不多：

地點	物品	所引文獻
湖北天門石家河	紅陶羊	《江漢考古》1980，2：103
湖南澧縣三元宮	羊骨	《考古學報》1979，4：463

羊是比較溫順的動物，飼料也很簡單，是人類最早飼養的動物之一。一般來說，長江中游地區養羊的歷史可能晚於北方，但至遲在新石器時代晚期，江南已經比較普遍養羊則是可以肯定的。

❺ · 雞

江西萬年仙人洞新石器時代早期遺址發現了野生原雞的遺骨，說明原雞在長江中游很早就有分布。考古資料表明，家雞的飼養在長江中游地區新石器時期已相當普遍，發現雞的遺骨較多，如：

地點	物品	所引文獻
湖北天門石家河	紅陶雞（4件）	《江漢考古》1980，2：103
湖北天門石家河	陶雞	《農業考古》1984，1：115，《考古》1956，3：16

雖然農業和畜牧業已經出現，極大地改善了人類的生活，但由於這兩種新的經濟形態還處在原始階段，尚不能完全滿足社會的最低需要，因此採集和漁獵在整個社會的經濟生活中依然占有一定的地位，有關技術也有較大的改進。

新石器時代人們採集的範圍十分廣泛，既採集各類植物性食物，也捕捉昆蟲和其他小動物充飢。狩獵活動中石球和弓箭的廣泛運用，捕魚活動中網墜的推廣，使人們能夠更有效地捕獲動物性食物。

考古發現表明，大溪文化中漁獵、採集等輔助經濟仍占一定比重。有些地段的

◀圖2-4　新石器時代石錛，湖北武昌放鷹台出土

文化層內，夾雜較多的魚骨渣和獸骨，包括魚、龜、鱉、蚌、螺等水生動物，以及野豬、鹿、虎、豹、犀、象等遺骸。[1]屈家嶺文化在瀘溪、澧縣、湘鄉等地的遺存中，還出土了用於捕魚的網墜，狩獵的石球和箭鏃。石家河遺址中的陶塑小動物幾乎是一個品種繁多的動物群，除有一些家畜家禽外，還有像、豹、猴、鳥，以及魚、龜等野生動物陶塑。江西萬年仙人洞遺址中還出土了大量的獸骨，如老虎、豬、羊、兔、麂、鹿、羼、豬獾、中國小靈貓、果子狸、狸、獼猴等骸骨，還有各種鳥骨。[2]

三、陶器的發明與使用

❶·陶器的發明與發展

陶器出現於新石器時代，和農業的發展有十分密切的聯繫。由於農業的出現，人類開始種植莊稼，收穫糧食。農業不僅為人類提供了比較穩定的食物，促使了定居生活的出現，還使糧食成為農業部落的主食。但是，糧食為顆粒狀的澱粉物質，

1　《中國大百科全書》總編委會：《中國大百科全書·考古卷·大溪文化》，中國大百科全書出版社，1986年。

2　中國社會科學院考古研究所：《新中國的考古發現和研究》，文物出版社，1984年，第131頁。

▲圖2-5 新石器時代晚期灰陶鬶，江西出土
（江西省博物館網站）

▲圖2-6 新石器時代紅陶鼎，湖北宜都伍相廟出土（湖北省博物館、湖北省文化考古研究所網站）

同魚、肉等動物原料相比，是不耐火的，很難在火上直接燒烤，需要一種更和緩的烹飪方式，於是陶器便發明了。正如《太平御覽》卷八三三引《逸周書》曰：「神農耕而作陶」。

在長期的生產和用火實踐中，人類逐漸發現黏土和水後具有可塑性，乾後可以定型，被火燒過的黏土具有堅硬、牢固、不漏水和耐火等特性。於是人類按照自己的意願，做成各種形狀的陶製容器。由於陶器耐燒不易被火燒裂，而又有傳熱的優點，而且取材便利，製作簡便，所以被人們當作主要的生活用器，用它來作炊煮器、盛水器、盛食器。

陶器的出現，是人類飲食史上劃時代的一大進步。陶器在先民生活上的使用，意味著人類飲食文化生活的一個重大突變，它標誌著人們的飲食生活由「焙生為熟」向蒸煮熟食生活的演變，煮食方法只有在陶器產生後才得以普遍使用。陶器的發明和使用，促進了人類定居生活的更加穩定，並加速了生產力的發展，揭開了人類飲食生活的新篇章。

長江中游地區新石器時代各階段炊煮器具中的陶器，存在著一些差異，不僅體現在器形的變化上，而且反映在陶質紋飾上。

▲圖2-7　新石器時代紅陶碗，湖北宜都伍相廟出土
　　　　（湖北省博物館、湖北省文化考古研究所
　　　　網站）

▲圖2-8　新石器時代紅陶圈足盤，湖北宜都出土（國家
　　　　數字文化網全國文化信息資源共享工程主站）

在大溪文化遺址出土的陶器有杯、盤、碗、盆、缽、甕、豆、壺、瓶、釜、鼎、簋、器蓋和支座等。[1]這些器具，一般以經過陶洗的泥質紅陶為主。在當時，先民們已注意到了飲食器具的外觀美，如在泥質紅陶器的外表，施以鮮紅或深紅色的陶衣，器內為黑色，並在器皿的肩部、口沿和圈足上飾以各種紋飾。安鄉湯家崗出土的戳印碗，其形制大小和胎質厚薄均與現代碗類似。在枝江關廟山、宜都紅花窯、江陵毛家山等地遺址出土有夾砂陶釜、陶鼎、陶甑和陶器蓋，以及簋、罐、筒形瓶、盆、缽等陶器。甑和器蓋的出現，說明利用沸水蒸氣來蒸熟食物的炊事技術已出現。在澧縣三元宮遺址中出土的紅陶鍋形體大，外表光滑，其造型、作用都與現代的大鍋相似。

屈家嶺文化遺址出土的陶器有些是經過慢輪修整的，器類增多，部分陶器的形制趨向規範化。[2]此時的陶器以圈足器和凹底器為主，此外還有少量的平底器和三足器，那種容易傾斜而不穩當的圜底器則逐漸減少。陶器種類繁多，大中小各型號俱全，其中又可以分為12種不同的專用器皿：有貯藏用的缸、甕、罐、盆，有烹飪用的鼎、甑、鍋，以及飲食用的碗、豆、盤、碟、杯等，幾乎包括了現代生活中日常

1　《中國大百科全書》總編委會：《中國大百科全書‧考古卷‧大溪文化》，中國大百科全書出版社，1986年。

2　王傑：《屈家嶺文化人的飲食生活》，《中國烹飪》，1988年第11期。

中國飲食文化史　　長江中游地區卷‧上冊

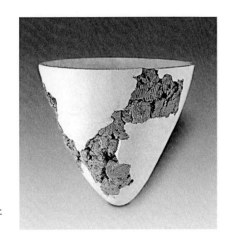

▶圖2-9　新石器時代陶釜，湖南道縣玉蟾岩遺址出土
　　　　（湖南省博物館網站，陶片復原）

陶瓷所有品類。

　　這些炊飲器的造型頗有特色。如鼎即有釜形、罐形和敞口圜底盆形等幾種。罐形鼎大的高40cm左右，小的高10cm左右。釜形鼎與之相當，其容量不及罐形鼎，它是從早期的釜發展演變而來，可用來煮粥、燉肉。在京山屈家嶺和天門石家河等許多遺址出土的大型陶鍋，更是長江中游原始居民獨創的進步炊具，其造型、作用與現代大鐵鍋相似。屈家嶺出土的一件陶鍋，經試驗，作飯可供五十人食用，煮粥可供二三十人食用；足夠當時一個氏族的集體成員飽餐一頓。當時，甑已廣泛使用，造型有三四種之多，常用的有兩種：一種是附加有蓋，底部施有五個較大鏤孔，容量較大；另一種底部滿布圓形小鏤孔。這兩種甑使用方法相同，均是蒸製食物。可用來蒸大米飯和魚、肉。足部有圓錐、扁錐、鴨嘴、柱形和扁平形等。另外杯、碗、豆的使用也較廣泛。杯是飲器，有多種形體，最多的是高圈足杯、平底杯和蛋殼彩陶杯等。這種陶杯陶質細膩，胎薄如蛋殼，其精緻的程度頗似現代使用的酒杯，說明人們在飲食中已很注意美的感受。屈家嶺文化中出土的碗獨具特色，口徑在10cm至20cm左右，可能是為不同年齡的人而準備的。常用的豆是碗形豆和盤

◀圖2-10 新石器時代紅陶盉，湖北天門石家河出土（湖北
省博物館、湖北省文物考古研究所網站）

形豆，這兩種豆形深淺不同，形態各異，甚是美麗。[1]

　　長江中游地區龍山文化的飲食器皿與前兩個文化不同，依其用途向兩個極端分化，既有粗糙、厚重的容器、炊器，如尊、缸、鍋等；又有小型、精緻薄胎的食器，如碗、杯等。在大型炊食器中，主要以三足器為主，其中以鼎最多，如平江舵上坪遺址中出土的鼎占整個器物的40%左右，從而說明熟食生活在原始社會末期，已成為一種主要的飲食習俗了。這一時期生產發展，糧食增多，遂出現了與酒有關的器皿，有專門溫熱流質飲料的袋足器、陶鬹、陶斝（jiǎ）、陶盉，造型奇特。還有一種數量眾多的紅陶小杯，這種小杯胎厚容積小，用來飲水難以解渴，可能就是酒杯。

　　在新石器時代還出土了穀物和其他食品的加工器具，常見的有石杵、石臼和陶製擂磨器等。其中擂磨缽內布滿深刻凌厲的溝漕，是人們擂磨植物的塊根、塊莖的工具。經過擂磨器加工後，即可將漿和渣作成細嫩的羹狀飲料，也可澄濾出澱粉或將漿汁作為飲料。剩渣還可餵養牲畜或充飢。

1　《中國大百科全書》總編委會：《中國大百科全書‧考古卷‧屈家嶺文化》，中國大百科全書出版社，
　　1986年；《江漢地區新石器時代文化綜述》，《江漢考古》，1980年第1期。

❷·陶製炊具引起的烹飪變革

由於陶器的發明，新石器時代的烹飪方法，除了繼續沿用舊石器時代常採用的燒烤之法外，還發展了以煨、煮、蒸製食物為主的方法。[1]

煨，陶製炊具發明之初，人們常將罐、盆或釜置於火上加熱，因炊具與火很近，中間沒有多少空隙，其加熱方式類似現代的煨。

煮，是將食物和水放入烹飪器中，再架火直接加熱烹製食物一種方法，它是通過烹飪器受熱，使水沸騰讓生食變熟食。這種烹法的特點是水多，要浸漫過所煮的食物，嚴格意義上講，加熱應是明火，炊具所接觸的火力應比小火的煨要猛。當時用於煮食物的炊具主要是釜、鼎、鬲、罐、甗等。

蒸，是利用水蒸氣傳熱使食物變熟的一種方法。蒸法比煮法出現要晚一些，蒸器是在煮器的基礎上發展起來的。蒸器常見的有甑和甗兩種。著名歷史文獻學家張舜徽在《說文解字約注》中指出：「甑之為言層也，增也，以此增蓋於釜上，高立若重屋然。古以瓦，今以竹木為之，有穿孔之通氣，所以炊蒸米麥以成飯也。」甑、甗的出現，使我國古代早期社會的烹飪方法基本完善，所以《古史考》中認為黃帝時有釜甑，飲食之道始備。食物蒸製方法巧妙地藉助蒸汽來熟化食物，達到了單獨使用水或火均不能達到的效果，它的發明是人類飲食史上一個新的里程碑。

綜上所述，新石器時代長江中游地區人們的食物範圍擴大了，既有自己生產的糧食，自己飼養的畜禽肉食，又有採集的蔬果，漁獵的野生禽獸和魚、龜。當時人們能製造和使用鼎、釜、鬲、甗、甑、甗、豆、杯、碗等陶製炊飲器，能用陶製炊具蒸、煨、煮製各類動植物菜餚，煮蒸飯粥，創造了輝煌的陶烹時代。

1　姚偉鈞：《中國飲食文化探源》，廣西人民出版社，1989年，第100-102頁。

第三章　夏商周時期楚地
　　　飲食初現風韻

夏商周時期，長江中游地區飲食文化迅速發展。東周以後，楚國強盛起來，從方圓不過百里的蕞爾小邦，發展成威震江南、雄兵百萬、方圓五千里的煊赫大國。楚文化繁盛而光彩奪目，除了農業、商業、城市建設有突出成就外，青銅冶鑄工藝、髹漆工藝高超。文化思想、文學藝術，如老莊哲學、屈原詩文，美術、樂舞等均有較高造詣。這些均從不同方面滋養著楚國飲食文化的發展，從而促使其形成了獨特的風格特點。楚人注重飲食質量，烹調意識強烈，具有較強的烹飪技術優勢，有些烹調技術還上升到理論的高度，並對烹飪實踐起到了促進作用。

第一節　食物構成與農業發展

一、農業生產工具與農耕技術的進步

貫穿中國奴隸制社會始終的夏商周王朝，是長江中游地區飲食文化的奠基時期。這一時期，農業生產在人們飲食生活中的地位越來越高，正如恩格斯所言：「農業是整個古代世界的決定性的生產部門。」[1]農業生產的發展程度決定了食物資源的豐富與否，而農業的生產狀況又直接受農業生產工具與生產技術的制約，因而農業生產工具與生產技術總是相伴而行。

夏代是我國歷史上第一個奴隸制王朝，氏族部落聯盟已向奴隸制國家過渡，成批的奴隸投入農業生產，為人類飲食生活創造了巨大的財富。夏代的農業生產工具雖然還是石、木、骨、蚌等器，但造型上已有改進，很便於使用了。

商代長江中游地區的農業生產工具主要由銅和石兩種材料製成。青銅在當時尚屬貴重金屬，奴隸主在奴隸不斷增加的情況下，一般採用加強奴隸勞動強度、延長勞動時間等辦法來增加勞動成果，因此青銅用來大量製造農業工具的可能性很小。

1　馬克思、恩格斯：《馬克思恩格斯全集》第21卷，人民出版社，1979年，第169頁。

不過青銅農具在商代遺址中也有發現，如湖北黃陂盤龍城商代遺址墓葬中出土了一件銅钁（jué）、兩件銅鍤（chā）；湖北隨縣淅河出土了兩件銅钁，一件銅鍤。[1]

自西周初至秦統一全國，華夏大地形成了各具風格的多種區域文化。歷史學家李學勤先生將其劃分為七個文化圈，其中影響最大的是中原文化圈和楚文化圈。楚學泰斗張正明教授認為：北支的中原文化「雄渾如觸砥柱而下的黃河」，南支的楚文化「清奇如穿三峽而出的長江」。[2]楚是東周列國中最強大的諸侯國之一，曾占有半個中國。是中國南方各民族與文化的交流中心，並且對中原華夏文化也具有很強的影響力，創造了輝煌的物質文化和精神文化。[3]楚人憑藉靈活的民族政策，兼收並蓄的開放意識，敢為天下先的創新精神，勇往直前的冒險精神，把一個西周初年方圓不過百里的蕞爾小邦建成一個方圓約達五千里的煊赫大國。

西周是楚文化的濫觴期，勞動人民用他們的智慧和血汗，艱苦勞作，有力地推動了農業、畜牧業和手工業的進步，為飲食文化的發展創造了時代可能達到的高度。考古發現，西周農業生產工具中青銅用具的比例已有所上升，如江西南昌李家莊出土了一件銅鍤；湖北圻春毛家咀西周遺址出土了一件銅鍤；江西奉新縣境出土了一件銅鍤，等等。

春秋戰國時期，楚國的農業有較大的發展。從楚武王（？-西元前69年）起，楚不斷對周邊各國用兵，到春秋中晚期，楚已成為雄踞南方的一個大國。楚不僅攻占周邊地區，而且兼收並蓄接納各民族的優點並創造性地加以發揮，使楚國的經濟文化迅速發展。當時，楚國控制了湖北大冶銅綠山的銅礦，有了豐富的銅，便能用以製造較多的性能遠較木器、石器優越的生產工具。銅製農具的廣泛使用有力地推動了農業生產的發展，而鐵製農具的產生則促進了農業突飛猛進的進步。長江中游地區開始使用鐵器不會遲於春秋晚期。據考古資料研究可知，我國早期的鐵器以楚地

1　徐學書：《商周青銅農具研究》，《農業考古》，1987年第2期。

2　張正明：《楚文化志》，湖北人民出版社，1988年，第1-3頁。

3　王會昌：《中國文化地理》，華中師範大學出版社，1992年，第53頁。

出土最多，其中以生產工具為大宗。農業生產工具的種類相當齊全，除不見犁外，其他農具大體都有，如掘土和鋤草用的鋤、取土用的鍤、破土起土用的钁、刺土翻地用的耒耜、收割用的鐮、伐木用的斧等。據不完全統計，在春秋戰國時期（以戰國中晚期為主）的楚地共出土鐵器223件（不包括鏃和未判明的杯），其中農具包括凹口鍤5件、錐2件、凹口鋤28件、一字形鍤4件、各式斧29件、凹口耒3件、長口形鍤1件、各式鑿12件、鐮2件、耙2件、錘4件、六角形鋤4件、夯錘4件、鉡1件、鋤1件、鏟2件、長方形鍤4件、銼1件。此外，還有兵器：各式劍29件、矛3件、刮刀13件、戈2件、匕首1件；其他鐵器：帶鉤6件、鐵足銅鼎7件、削37件、釜4件、坩堝1件、魚鉤1件、環1件、鼎3件、圓形器1件、扁條1件、鐵丸1件、鐵條1件、殘器2件。[1]

鐵農具在楚國鐵器中所占比重之大及鐵農具品種的基本齊全，說明了鐵製農具在楚國農業生產中的重要作用。在《孟子·滕文公》中載有孟子與當時楚國著名農家許行的弟子陳相的一段對話，記錄了楚人當時在農業生產中相當普遍地使用鐵農具的情況。「（孟子）曰：『許子以釜甑爨（cuàn）、以鐵耕乎？』（陳相）曰：『然。』『自為之與？』曰：『否，以粟易之。』」

農業生產發展的另一標誌，是水利工程的興建。楚莊王（？-西元前559年）時期，令尹孫叔敖主持修建了我國最早的大型水利工程期思陂，[2] 他還在沮漳河下游主持修建了水利工程。《史記·循吏列傳》集解引《皇覽》載：「孫叔敖激沮水作雲夢大澤之池。」《七國考·楚食貨》亦載「孫叔敖為楚相，截汝墳之水，作塘以溉田，民獲其利」。楚康王時（西元前559-前545年），楚司馬蒍（wěi）掩為了「量入修賦」，曾「書土田」，即對全國土地進行了一次登記。《左傳·襄公二十五年》記其事曰：「甲午，蒍掩書土田：度山林，鳩藪澤，辨京陵，表淳鹵，數疆潦，規偃豬，町原防，牧隰（xí）皋，井衍沃。」從中可以看出楚人對土質已有一定認識，楚國

1　黃展岳：《試論楚國鐵器》，湖南省博物館、湖南省考古學會：《湖南考古輯刊》2，岳麓書社，1984年。

2　何浩：《古代楚國的兩大水利工程期思陂與芍陂考略》，《楚文化新探》，湖北人民出版社，1981年。

當時確有不少水利設施，不然，蒍掩是不會把「堰豬」（陂塘田）「原防」（堤防間地）專門分為一類的。文中「井衍沃」就是用水灌溉的平美之地。鑿井溉田，楚國本來就有。《莊子·天地》載：「子貢南遊於楚，反於晉，過漢陰，見一丈人方將為圃畦，鑿隧而入井，抱甕而出灌。」這反映出當時楚人已發明了畦種法。「圃畦」就是用畦種法種植的蔬菜園圃。

鐵工具廣泛使用後，楚國的水利有了更大的發展。大約在楚頃襄王時期（西元前298-前263年），子思主持修建了更大的水利工程芍陂。[1]楚國在灌溉中常使用橘槔（gāo）、轆轤等汲水工具，轆轤較之橘槔更加先進。

楚國還十分重視對邊塞和荒野的開發墾殖。《呂氏春秋·開春》曰：「吳起謂荊王曰：『荊所有餘者，地也；所不足者，民也。今君王以所不足益所有餘，臣不得而為也。』於是令貴人往實廣虛之地」。

金屬農具的廣泛應用，水利建設的發展，農業生產技術的提高，使國家有了較充裕的糧食。《左傳·文公十六年》載，西元前六一一年「楚大飢」，位於楚西方的幾個國家乘機攻楚，楚即從糧倉裡拿出糧食以供軍需，說明糧食儲存之豐。《史記·伍子胥列傳》記，楚國懸賞捉拿出逃的伍子胥時承諾：「楚國之法，得伍胥者賜粟五萬石，爵執珪。」可見當時楚國儲糧之多。《戰國策·楚策》記蘇秦遊說楚威王（西元前339-前329年在位），言楚「車千乘，騎萬匹，粟支十年」。《史記·越王勾踐世家》記楚威王時，越北伐齊，齊派使者遊說越王，勸其伐楚。說辭中講：「復讎（chóu）〔復況（chōu）〕、龐、長沙，楚之粟也。」講的是 、龐、長沙三邑乃楚國的糧食產區，說明戰國時楚國有些地方已成為糧食生產基地。在今湖北江陵紀南城內的陳家台發現原楚國在戰國時代的鑄造作坊遺址，在其西部有五處被火燒過的稻米遺跡，最大的一處長約3.5米，寬約1.5米，厚5-8釐米。[2]在其中發現的炭化稻米，應是當時作坊工匠的食糧。一個作坊，五處存放糧食，可見其糧食之充足。《楚

1　何浩：《古代楚國的兩大水利工程期思陂與芍陂考略》，《楚文化新探》，湖北人民出版社，1981年。
2　湖北省博物館：《楚都紀南城的勘查與發掘（下）》，《考古學報》，1982年第4期。

辭‧大招》中有「五穀六仞」一語。一仞七尺（一說八尺），六仞為四十二尺，戰國一尺合今0.23米，那麼，六仞就是10.66米了，真乃糧食堆積如山。從楚國豐富的糧食景況，便可推想其農業生產之興旺。

二、《楚辭》《詩經》等典籍中的楚地飲食[1]

❶‧稻穀為主，兼食雜糧的主食構成

隨著農業生產技術的提高，糧食的品種及產量均有增加。這在一些歷史文獻中都有較翔實的記載。《楚辭‧大招》盛稱楚國之樂，內有「五穀六仞」一語，王逸《注》：「五穀，稻、稷、麥、豆、麻也。」夏商周時期的長江中游地區以稻米為主，兼食雜糧。稻穀外，還有粟、稷、麥和雕胡（即菰米）搭配。

稻。長江中游地區在新石器時代就已廣泛種植，在先秦時期更是廣為栽種，並成為當時楚國人的主要糧食。《楚辭‧招魂》：「稻、粢（zī）、稰（zhuō）麥，挐（rú，攪雜）黃粱些。」王逸《注》：「稻，稌（tú）；粢，稷；稰，擇也，擇麥中先熟者也。挐，糅也。言飯則以秔稻糅稷，擇新麥糅以黃粱，和而柔嫚，且香滑也。」有的專家認為當時的稻已有糯稻（nuò）、秈稻、粳稻幾種品種。

粟。《戰國策‧楚策》記蘇秦對楚威王講：「粟支十年」，這裡的粟是泛指糧食。但既然當時已用「粟」字，說明必有粟的存在，而且反映出春秋戰國時代，粟在穀物中的地位是比較重要的。

稷。稷是一種古老的糧食作物。《楚辭‧招魂》：「稻、粢、稰麥。」王逸《注》：「粢、稷。」《廣雅疏證》云：「高粱不黏者粢稷也，其黏者眾秫也。」由稷演化出來的黍類作物以其耐旱、耐瘠、生長旺盛、生長期短等優點，在農業生產的早期，自然成為最易栽培的穀物和人們的主要糧食之一。這與我國古代文獻中根據傳說的記述，把最先領導人們從事農業的人稱為「后稷」，也是相吻合的。

————————

1　姜亮夫：《楚辭通故》第三集，齊魯書社，1985年，第163-233頁、第509-805頁。

麥。是我國古老的栽培穀物之一，從甲骨文至金文，「麥」「來」是一個字，之後陸續出現了大同小異的約近八十種寫法。[1]二十世紀七〇年代在湖南長沙馬王堆漢墓中出土了小麥，說明先秦時期長江中游已有小麥的栽培。

荊楚最獨特的糧食是一種叫「菰」的農作物。嫩莖稱茭白，可作蔬。菰米曰雕胡，可作飯食。《楚辭・大招》：「五穀六仞，設菰粱只。」王逸解釋說：菰就是雕胡。菰粱做的飯，芬香柔滑。

總之，荊楚地區的糧食具有多樣性的結構特徵，先秦楚人養成了以食用米飯為主，兼食雜糧為輔的飲食特點。同時，他們還有將多種糧食放在一起煮食的習俗，「稻、粢、穱麥，挐黃粱些」就是一道典型的「四寶飯」。多種糧食混做的飯不僅味道好，而且有營養互補的效果。

❷・水鄉特色鮮明的瓜果蔬菜

蔬菜瓜果從新石器時代起就開始作為人們的副食了。《爾雅・釋天》將「饑饉」解釋為：「穀不熟為飢，蔬不熟為饉」。在商代甲骨文中出現的「囿」「圃」等字，說明到殷商時代，蔬果的栽培在農業生產中已有專業性的分工，並且有專門栽培蔬菜瓜果的園圃了。西周以後，種植蔬果的園圃有了很大的發展，不僅王侯有專門種菜的菜圃，而且出現了平民經營的圃。《周禮・地官司徒》有「場人」「閭師」等官職。場人的職責是：「掌國之場圃，而樹之果蓏、珍異之物，以時斂而藏之。凡祭祀、賓客，共其果蓏（luǒ）。享亦如之。」賈公彥《疏》：「果，棗李之屬。蓏，瓜瓠之屬。珍異，蒲桃、枇杷之屬。」閭師是鄉官，主征六鄉貢賦之稅，他的職責還有：「任圃以樹事、貢草木。」鄭玄《注》：「貢草木，謂葵韭果蓏之屬」。《莊子・天地》中記述的：「過漢陰，見一丈人方將為圃畦，鑿隧而入井，抱甕而出灌。」則是楚人發明的用畦種法種植蔬菜園圃的方法。從西周以後，關於蔬果的記載已漸詳細，現分別介紹如下：

1　李長年：《略述我國穀物源流》，《農史研究》，1987年第2期。

（1）蔬菜的主要品種　「菜」字的原意即有「採集」的意思。後漸演變為專指充當副食的植物的葉、莖、根、花、果等部位。在長期人工栽培過程中，蔬菜品種逐漸豐富起來。長江中游地區先秦時期的蔬果資料在《楚辭》《詩經》中多有記載，主要有：

芹，先秦時期長江中游地區普遍食用。《呂氏春秋・孝行》舉菜之美者，有「雲夢之芹。」《爾雅・釋草》：「芹，楚葵。」郭璞《注》：「今水中芹菜。」由此可以推斷那時的芹菜，可能是後世所說的水芹。

蘋，當時所食用的蘋是從水中採集的水生植物，在當時屬於低級的菜類，後世逐漸從人們的食物中淘汰了。《詩經・召南・采蘋》：「於以采蘋，南澗之濱。」《爾雅・釋草》：「萍，萍其大者蘋。」那時蘋與萍兩字通用，今為兩種不同科屬的植物。

薇，《詩經・召南・草蟲》：「陟彼南山，言采其薇。」《爾雅・釋草》：「薇，垂水。」郭璞《注》：「生於水邊。」又陸機《疏》：「山菜也。莖葉皆以小豆，蔓生，其葉亦如小豆，藿可作羹，亦可生食。今官園種之，以供宗廟祭祀。」據此分析，當時薇可能是既可生長於山中又可生長於水邊的野菜，後逐漸培育於園中。

薺，先秦時為野生蔬菜。《楚辭・九章・悲迴風》：「故荼薺不同畝兮。」薺即今俗稱的薺菜、地米菜，其嫩株可食，味甘甜，古人採集用以煮羹或將其剁碎做餡。

蘩，《詩經・召南・采蘩》：「於以采蘩，於沼於沚。」《爾雅・釋草》：「繁，皤蒿。」郭璞《注》：「白蒿。」

荷，荷字在《楚辭》中出現了十二次，始見於《離騷》：「制芰荷以為衣兮，集芙蓉以為裳。」王逸《注》：「荷，芙蕖也。」《說文》：「蓮，芙蕖實也。」《爾雅》也稱：「荷芙蕖，其實蓮。」郭璞《注》：「蓮謂房也。」荷還可指其根藕。《楚辭》多以荷設喻。可以推斷，蓮、藕可能是楚人最常食用的水生植物之一。考古實物發現，在湖北荊門包山、江陵望山和湖南臨澧九里的戰國遺址中都出土過藕和蓮子。[1]

芋，是亦糧亦菜之物。《楚辭・七諫・亂曰》：「列樹芋荷。」《說文》：「芋大

1　熊傳新：《湖南戰國兩漢農業考古概述》，《農業考古》，1984年第1期，第234頁。

葉實根駭人，故謂之芋。」《史記·項羽本紀》：「士卒食芋菽。」芋即今人所說的芋頭，《史記·楚世家》記有「芋尹」的官職。《正義》：「芋尹，種芋園之尹也。」可見楚國是推廣栽培芋較早的地區，並已有專種芋的芋園和專門的芋官。

苴（jū）蓴（pò），亦名襄荷，葉如初生的甘蔗，根如薑芽。花穗和嫩芽可食，根狀莖可入藥。《楚辭·大招》：「醢（hǎi）豚苦狗，膾苴蓴只。」王逸《注》：「苴蓴，襄荷也。……切襄（ráng）荷以為香，備眾味也。」

荼，《楚辭·九章·悲迴風》：「故荼薺不同畝兮。」又《楚辭·九思·傷時》云：「菫荼茂兮扶疏。」王逸《注》：「荼，苦菜也。」苦菜是當時人們常吃的一種蔬菜。

藿，即豆葉，古代勞動人民常吃之物。歷史上曾將地位卑微、飲食水平低下的下層勞動者稱為「藿食者」，將上層社會的貴族稱為「肉食者」。《楚辭·九歎·愍（mǐn）命》：「耘藜藿與襄荷。」《詩經·小雅·白駒》：「皎皎白駒，食我場藿。」文中的藿均指的是豆葉。

菫，是一種野菜。《楚辭·九思·傷時》：「菫荼茂兮扶疏。」王逸《注》：「菫，薊（jì）也。」《詩經·大雅》：「菫荼如飴。」陸機《毛詩草木蟲魚疏》云：「苦菜生山田及澤中，得霜恬脆而美，所謂菫荼如飴。」菫又稱水菫。元時稱回公蒜。李時珍稱其苗可作蔬食，味辛而滑，故有椒葵之名。

莞，俗名「水蔥」「蓆子草」，為野蔬，嫩莖可食。《楚辭·九歎·愍命》：「莞芎棄於澤洲兮。」據楚辭學家姜亮夫先生考證，莞為生於澤洲的美蔬。陶弘景謂：人家多種莞，葉厚而大，可生啖，亦可蒸食。

蒿蔞，當時一種野蔬。《楚辭·大招》：「吳酸蒿蔞。」王逸《注》：「蒿，蒿草也。蔞，香草也。《詩經》曰：『言采其蔞。』一作芼蔞。注云『芼，菜也。言吳人善為羹，其菜若蔞，味無沾薄，言其調也』。」

藜，今俗稱藜蒿，古以為常蔬。《楚辭·九歎·愍命》：「耘藜藿與襄荷。」《漢書·司馬遷傳》：「糲粱之食，藜藿之羹。」《爾雅翼》：「藜莖葉似王芻，兗州蒸為茹。」古代藜藿二字多連用，指貧者之食。

葵，古代的一種常用蔬菜。《楚辭・七諫・怨世》：「蓼蟲不知徙乎葵菜。」王逸《注》：「葵菜，食甘美。」《詩經・豳風・七月》：「七月烹葵及菽」。

蓼，為具辛味的常用蔬菜，有多種。《楚辭・七諫・怨世》：「蓼蟲不知徙乎葵菜。」《說文》：「蓼，辛菜。」《禮記注》：「烹雞豚龜鱉，皆實蓼於其腹中。」這可能是為了去腥解膩而採取的措施。

除了上述蔬菜外，歷史文獻中記述的還有蒺藜、橐（xǐ）華、藜（cóng）菅、瑤華、屏風、芝等食用菜蔬。

（2）瓜果　長江中游地區是柑橘的原產地之一，春秋戰國時期，楚國因廣栽橘樹而聞名於世。直至今天湘西的武陵山、雪峰山中還有成片的野生橘林。《山海經・中山經》曰：荊山「多橘、柚」，洞庭之山「其木多柤、梨、橘、柚」。《呂氏春秋・孝行・本味》：「果之美者……江浦之橘，雲夢之柚。」江浦、雲夢均屬楚國。《戰國策・趙策一》：「大王（趙王）誠能聽臣，……楚必致橘、柚雲夢之地。」將橘柚做雲夢之地的定語，可見其特產的聞名程度了。楚大夫屈原在《楚辭・橘頌》中對橘樹更是大加讚美：「後皇嘉樹，橘來服兮！受命不遷，生南國兮！深固南徙，更一志兮！綠葉素榮，紛其可喜兮！」

梅，我國是梅樹的原產地，湖北至今仍有成片的野生梅林。戰國楚墓中曾多次出土了梅的實物殘骸，如湖北江陵戰國遺址出土了梅子[1]，河南信陽楚墓中出土了梅核。《詩經・召南・摽有梅》：「摽有梅，其實七兮……其實三兮……傾筐墍（jì，取）之。」

甘棠、杜，均是先秦時代野生梨的品種。《詩經・召南・甘棠》：「蔽芾甘棠，勿剪勿伐。」《楚辭・九歎・思古》：「甘棠枯於豐草兮，藜棘樹於中庭。」王逸《注》：「甘棠，杜也。」陸機《詩草木疏》：「甘棠今棠梨子，色白少酢滑美，赤棠子，澀而酢無味。」《爾雅・釋木》：「杜，赤棠，白者棠。」

棗、棘，栽培棗樹是由野生棗樹（又名棘）馴化而來。《楚辭・九歎・愍命》：

1　《文物》，1966年第5期，第54頁；《農業考古》，1982年第1期，第140頁。

「折芳枝與諒華兮，樹枳棘與薪柴。」王逸《注》：「小棗為棘。枯枝為柴。」《九思・憫上》：「鶄鸞兮枳棘，鵝集兮帷幄。」湖南臨澧九里戰國墓葬遺址中曾出土棗核。[1]

柤，同樝，是先秦時期頗受人們喜愛的水果。《山海經・中山經》：「洞庭之山⋯⋯其木多柤、梨、橘、柚。」《莊子・天運》中講：「柤、梨、橘、柚，其味雖別，各適其口。」

瓜，湖南臨澧戰國墓葬中出土的實物瓜子經鑑定是甜瓜子。[2]這是長江中游地區目前發現的最早的瓜子，可以推斷楚地最早栽培的瓜應是甜瓜。賈誼《新書》記有：「梁大夫宋就者，為邊縣令，與楚鄰界。梁之邊亭與楚之邊亭皆種瓜。」反映出當時種瓜還是相當普遍的。至於吃瓜的方法，大部分以生吃，一部分以醃漬作蔬菜。《小雅・信南山》：「中田有廬，疆場有瓜，是剝是菹（zū，醃菜），獻之皇祖。」鄭玄《箋》：「剝瓜為菹也。」

櫻桃，古稱含桃。在湖北江陵戰國古墓中出土的櫻桃種子，經鑑定為中國櫻桃。說明戰國以前，長江中游地區的先民便將櫻桃樹培育為栽培果木了。櫻桃個體雖小，然而色美味甘，頗受人們喜愛，周代特作祭品。《禮記・月令》：「仲夏之月⋯⋯天子⋯⋯羞以含桃，先薦寢廟。」

菱、芡，水生草本植物。在長江中游的河湖中生長廣泛，當時已被人們所普遍食用，並作祭祀用品。《國語・楚語上》：「屈到嗜芰（jì），有疾，召其宗老而屬之曰：祭我必以芰。」這裡的「芰」即菱。芡的種子俗稱雞頭米或芡實，種子仁可食用，經碾磨成澱粉。《周禮・天官・籩人》：「加籩之實，菱芡。」鄭玄《注》：「菱，芰也。芡，雞頭也。」

萇楚，即羊桃、獼猴桃，是源於我國的一種野生藤本植物，結果形狀似梨，故又有藤梨，繩梨之稱。由於獼猴喜食，所以又稱獼猴桃，現湖北地區仍有稱羊桃的。《爾雅・釋草》：「長楚，銚弋（yì）。」郭璞《注》：「今羊桃也」。《楚辭・七諫・

1　熊傳新：《湖南戰國兩漢農業考古概述》，《農業考古》，1984年第1期，第234頁。
2　熊傳新：《湖南戰國兩漢農業考古概述》，《農業考古》，1984年第1期，第234頁。

初放》：「斬伐橘柚兮，列樹苦桃。」王逸《注》：「苦桃，惡木。」羊桃之苦當指漢代及以前，現已改良為味美適口的水果。

唐棣，《詩經・召南・何彼襛矣》：「何彼襛矣？唐棣之華。」陸璣《毛詩草木鳥獸蟲魚疏》：「唐棣，奧李也。一名雀梅，亦曰車下李，所在山皆有。其華或白或赤；六月中熟，大如李子，可食。」

栗，是一種富含糖、蛋白質、脂肪等營養成分的果實。很早就成為先民採集、食用的對象。在湖北江陵戰國墓葬遺址和湖南臨澧九里戰國墓葬遺址中都曾發現栗。

除了上述果品外，柰（nài，即蘋果）、苦李等水果也被當時人們所採食。

❸・家養禽畜與野生鳥獸並重的肉食結構

先秦時期長江中游地區的動物性食物的主要來源是人工飼養的畜禽、狩獵獲得的陸生野味（也有少量兩棲類動物），以及漁撈得到的水生動物等。

先秦時期的畜牧業並不發達，還不能滿足人們生活的基本需要，宰殺牲畜受到嚴格的限制。《禮記・王制》中就作了規定，即便是統治階層，除了祭祀、慶典、節日、宴饗等外，也是不能隨意宰殺牲畜的。隨著社會的發展，飼養家畜家禽的用途各有側重。春秋以後，牛馬主要用為畜力不供食用，肉食的家畜家禽品種轉向較小的個體，主要是豬、羊、犬、雞、鴨等。所食用的動物食品可分為畜獸類、禽鳥類、水生及其他類。

據考古發現和文獻記載，先秦時期長江中游地區的畜獸類食品主要有：牛、羊、豬、狗、馬、虎、騍、驢、兔、貒（tuān）、貉、豹、鹿、麋、猨、文狸、豺、赤豹等。

牛，當時已被廣泛飼養。湖北隨縣曾侯乙墓出土了牛遺骸和玉雕的牛，江西清江出土了銅牛首形器，[1] 湖北隨州擂鼓墩出土了有水牛圖形的銅鼎蓋，[2] 湖北沙

---

[1] 　陳文華、程應林、胡義慈：《江西清江戰國墓清理簡報》，《考古》，1977年第5期，第312頁。
[2] 　劉彬徽：《隨州擂鼓墩二號墓青銅器初論》，《文物》，1985年第1期，第21頁。

62

市周梁玉橋商代遺址出土了水牛的肋骨、橈骨、腕骨、膝蓋骨等。[1]可見當時飼養牛的普及。殷商時，牛已成為一種隆重祭祀時用的犧牲。在周朝，由於牛逐漸運用於農業生產，因此牛顯得貴重了，在祭祀和宴享中用牛的數量比商代有所減少。《國語·楚語》：「其祭典有之曰：國君有牛享，大夫有羊饋，士有豚犬之奠，庶人有魚炙之薦，籩豆、脯醢則上下共之。」意為牛是國君的祭品，羊是大夫的祭品，豬是士以下官員的祭品。這反映了春秋戰國時期牛肉的珍貴，以及飲食生活中的等級差別。《禮記·王制》：「諸侯無故不殺牛。」是農業生產需要牛的反映。[2]

豬，是當時的六畜之一。湖北宜昌覃家沱和黃土包都曾出土了周代的豬牙床。[3]由於農業的副產品可以為雜食性的豬提供充分的飼料，因而養豬在畜牧中便逐漸居於首要地位，成為人們生活中比較常見的肉食。殷商以後，肉豬在人們生活中的地位日趨重要，甲骨文中的家字從「宀」從「豕」，說明豬已成為家中重要的家畜。豬當時以穀物為飼料，《說文解字》：「以穀圈養豕也。」因此，豬的飼養量受到糧食產量的制約。《禮記·王制》規定：「士無故不殺犬豕。」《孟子·梁惠王》中說：「雞、豚、狗、彘（zhì）之畜，無失其時，七十者可以食肉矣。」[4]可見豬的數量有限。

羊，在中國古代是吉祥如意的象徵。在先秦時期的江陵望山遺址（在今湖北）和隨縣曾侯乙墓均出土了羊的遺骸，說明了羊是長江中游地區先民的重要肉類食物。《禮記·王制》規定：「大夫無故不殺羊。」《禮記·月令》中說：「孟者之月，……天子食麥與羊。」可見，先秦時期羊主要供權勢者享用。在鄉飲酒禮中，若是只有鄉人參加就只吃狗肉，如果大夫參加則要另加羊肉。[5]

1　彭錦華：《沙市周梁玉橋商代遺址動物骨骸的鑑定與研究》，《農業考古》，1988年第2期。

2　姚偉鈞：《中國飲食文化探源》，廣西人民出版社，1989年，第53-55頁。

3　湖北省博物館：《宜昌覃家沱兩處周代遺址的發掘》，《江漢考古》，1985年第1期，第45頁。

4　姚偉鈞：《中國飲食文化探源》，廣西人民出版社，1989年，第49-52頁。

5　姚偉鈞：《中國飲食文化探源》，廣西人民出版社，1989年，第55-58頁。

　　狗，由於狗容易餵養，繁殖力強，因此當時食狗之風十分盛行，屠狗逐漸成為社會上一種職業。《史記・樊噲列傳》載秦末，劉邦的大將樊噲即「以屠狗為事」。這說明社會上養狗普遍，食狗肉人多。

　　貒，即豬貒。《楚辭・九思・悼亂》：「貒貉兮蟫（yín）蟫。」洪補云：「貒音湍，似豕而肥。一音歡。」

　　狸，俗稱狸貓、野貓。《楚辭・九歌》：「乘赤豹兮從文狸。」王逸《注》：「狸一作貍。」《楚辭・九思・怨上》：「狐貍兮微微（méi，相隨貌）。」《正字通》：「野貓。貍有數種，大小似狐，毛雜黃黑，有斑，如貓。員頭大尾者為貓貍，善竊雞鴨，肉臭不可食。斑如貙（chū）虎，方口銳頭者為虎貍，食蟲鼠果實。似虎貍尾黑白錢文相間者為九節貍。……」其中果子貍肉質最美，果子貍又名牛尾貍，玉面貍。俗諺曰：「天上龍肉，地下貍肉」，「沙地馬蹄鱉，雪天牛尾貍」，均是讚美果子貍質佳味美的。

　　犳，是一種凶猛的犬科獸類，似狗。《楚辭・大招》：「味豺羹只。」王逸《注》：「犳似狗，言宰夫巧於調和，先定甘酸，乃內鶬（cāng）鴒黃鵠，重以犳肉，故羹味尤美也。」

　　鹿，是鹿科動物的通稱。《楚辭・天問》：「驚女採薇鹿何祐。」「撰體協脅，鹿何膚之。」歷代以為補陽佳品。

　　麋，即麋鹿。《楚辭・九歌・湘夫人》：「麋何食兮庭中？蛟何為兮水裔？」王逸《注》：「麋，獸名，似鹿也。」

　　先秦時期長江中游地區的禽鳥種類頗豐，主要有：雞、鴨、雁、鴻、鷗、梟、駕鵝、鵪鶉、蒼鳥、鵲、鴝鵒（qúyù）、朱雀、麻雀等，現依據有關資料將可食禽類介紹如下。

　　雞，是早期被馴化的家禽之一。先秦時期，雞肉、雞蛋在人們的飲食生活中占有重要位置。商代，雞已成為祭祀中的常品。周代還設有「雞人」官職，掌管祭祀、報曉、食用所需的雞。當時是上自貴族下至平民都愛飼養和食用雞。在湖北江陵望山一號墓和江西清江營盤裡遺址均有先秦時期的陶雞出土。《楚辭》中也屢次出現「雞」

字，如《七諫》：「雞鶩滿堂壇兮」等。可見養雞和食雞之廣泛。

　　鴨，先秦時期為供食之常見家禽，《曲禮‧疏》：「野鴨曰鳧，家鴨曰鶩。」同「雞」一起在文獻中多有提及，如《楚辭‧九章》：「雞鶩翔舞。」《楚辭‧卜居》：「將與雞鶩爭食乎。」

　　雁，有多種，《玉篇》：「大曰鴻，小曰雁。」《楚辭‧九辯》：「雁皆嗳夫粱藻兮。」《九思》：「歸雁兮於征。」《說文》：「雁，鵝也。」其實雁是鵝的祖先，鵝是由雁馴化而來。

　　鴻，是鴨科雁屬少數大型種類舊時的泛稱；或專指豆雁。《楚辭‧招魂》：「煎鴻鶬些。」王逸《注》：「鴻，鴻雁也。」《大招》：「鴻鵠代游。」「鵾（kūn）鴻群晨。」《楚辭‧七諫》：「斥逐鴻鵠兮。」《楚辭‧九思》：「鴻鸝兮振翅。」王逸《注》：「鴻，雁也。」「鴻鵠，大鳥。」《說文》：「鴻，鵠也。」鴻是當時楚國著名的美食，所以屈原在「招魂」時將鴻列入祭品單中。

　　鶬，是當時的一種佳餚原料。《楚辭‧招魂》：「煎鴻鶬些。」王逸《注》：「鶬，鶬鶴也。」《正字通》：鶬「大如鶴，青蒼色，亦有灰色者；長頸，高腳，頂無丹，兩頰紅。關西呼為鴰鹿，山東呼鶬鴰，訛為錯落，南人呼為鶬雞，江人呼為麥雞」。

　　鶉鶉，先秦時即為楚國名食，《楚辭》中屢次出現。《九懷‧株昭》：「鶉鶉飛揚。」

　　野鴨，古稱鳧。《楚辭‧招魂》：「鵠酸臇（juǎn）鳧。」《楚辭‧大招》：「炙鴰烝（zhēng）鳧。」《楚辭‧卜居》：「若水中之鳧乎。」朱熹《集注》：「鳧，野鴨也。」

　　麻雀，《楚辭‧大招》：「煎鰿（jì）雀臃。」《楚辭‧九章》：「燕雀烏鵲，巢堂壇兮。」

　　天鵝，古稱鵠，大於雁和鶴，列為楚國美食之一。《楚辭‧招魂》：「鵠酸臇鳧，煎鴻鶬些。」《楚辭‧大招》：「內鶬鴰鵠，味豺羹只。」其中都談到由天鵝製成的美肴。

　　梟，通「鴞（xiāo）」。《詩經‧魯頌‧泮水》：「翩彼飛鴞。」陸璣《疏》：「其肉甚美，可為羹臛。」

❹・以魚類為主的水產原料

《史記》記載先秦楚地食俗為「飯稻羹魚」，可見魚類是先秦荊楚人民最主要的食物之一。以水產、爬行、兩棲類為主，主要有：鯖魚、鯰魚、鮜鱅（yúyōng）、鱉、鰝龜、黿、青蛙、紫貝、文魚、鮑、鱏（xún）、水母、鱣等。

鯖，又名鮒，即今之鯽魚。《楚辭・大招》：「煎鯖膗雀。」《埤雅》曰：「味甚佳，頭味龍勝。」

鯰，又稱鮧魚、鯷魚，為無鱗魚。《楚辭・九思・哀歲》曰：「黿鼉（yuán tuó）兮欣欣，鱣鯰（zhānnián）兮延延。」《爾雅・釋魚》註：「鯰別名鯷，江東通呼鯰為鮧。」

鱣，又名黃魚、蠟魚，為無鱗魚。《楚辭・九思・哀歲》：「鱣鯰兮延延。」《爾雅・釋魚》鱣，郭璞《注》：「大魚，似鱏而短，鼻口在頷下，體有邪行甲，無鱗，肉黃。大者長二三丈，今江東呼為黃魚。」李時珍以為即鱘鰉魚。古說大鯉亦名鱣。

鱏，鱘魚的古稱。《楚辭・九懷・通路》：「鯨鱏兮幽潯。」《爾雅・釋魚》邢昺疏：「鱏長鼻魚也，重千斤。」

鱉，今俗稱團魚、腳魚、水魚、圓魚、王八，生於江河池沼中。《楚辭・九歌・湘君》：「群鳥所集，魚鱉所聚。」《楚辭・哀時命》曰：「駟跛鱉而上山兮。」《爾雅翼》：「鱉卵生，形圓而脊穹，四周有裙。」《綱目》曰：「鱉行蹩躄（bié bì），故謂之鱉。」

此外，還有鰝龜，見於《楚辭・天問》：「鰝龜曳街」。黿，是蛙的一種，見於《楚辭・七諫》：「黿黿游乎華池。」王逸《注》：「黿，蝦蟆也。」紫貝，見於《楚辭・九歌》：「紫貝闕兮朱宮。」文魚，見於《楚辭・九歌》：「乘白黿兮逐文魚。」鮑，即鮑魚，見於《楚辭・七諫・沈江》：「過鮑肆而失香。」等。

總之，從這些著名的典籍中，我們看到了先秦時期長江中游地區豐富的食物資源，既有家養的，也有野生的；既有天上飛的，也有陸上行的，還有水裡游的。正是這些豐富的食物原料，才為先秦時期菜餚製作水平的提高提供了可能。這也體現了楚

人「五穀為養、五果為助、五禽為益、五菜為充」的優良飲食結構。

第二節　飲食器具的突破性進展

　　楚文化是在「華夏」文化基礎上發展起來的、高度發達且風格獨特的區域文化。在飲食文化方面，表現出濃重的荊楚特色、水鄉異趣及南方風韻尤其是飲食器具有了突破性的進展，其重要標誌是青銅器的廣泛應用，這是烹飪史上由陶烹到金屬烹的劃時代變革；其次是漆製食具的大量製作與應用。

一、楚風濃郁的精美青銅飲食器具

　　青銅，是指紅銅和其他化學元素的合金，商周時代的青銅古稱金或吉金，其化學成分是錫青銅和鉛錫青銅。在人類技術發展階段中，使用青銅兵器和工具的時代就稱為「青銅時代」。

　　隨著特權階段的形成，各階層在生活待遇上逐漸分化。在飲食方面主要表現為：飲食內容上存在常食肉與少食肉的區別，飲食器具存在青銅食器與陶製食器的差異。

　　夏商周時期長江中游地區的青銅飲食器大體可分為餁食器、酒器、水器、樂器等四大類型，茲分述之。[1]

❶ · 餁食器

　　鼎，青銅鼎有祭祀、喪葬和宴享等各種用途。當時的鼎是貴族們的專門食器，主要用途多數不再是烹煮食物，而是作為盛食使用。烹煮食物的鼎叫做鑊，無足的

1　馬承源：《中國青銅器》，上海古籍出版社，1988年，第83-275頁。

▲圖3-1　春秋牛角形耳雲紋銅鼎，湖南湘　　▲圖3-2　戰國升鼎，湖北隨縣曾侯乙墓出土（國家數字
　　　　鄉何家灣出土（湖南省博物館網　　　　　　文化網全國文化信息資源共享工程主站）
　　　　站）

圓底鍋，實際上是在列鼎之外專門用於煮牲肉的鼎。《淮南子‧說山訓》：「嘗一臠肉，知一鼎之味。」高透《注》：「有足曰鼎，無足曰鑊。」《周禮‧天官‧亨人》：「掌共鼎鑊，以給水火之齊。」鄭玄《注》：「鑊所以煮肉及魚臘之器。既孰，乃脀（zhēng，以牲體納入）於鼎。齊多少之量。」王室貴族列鼎而食，就是把肉食先在鑊中煮熟，然後分別盛在各自的鼎內。鑊在西周應已從鼎類器具中分化出來，但在墓葬中出現卻較晚，長江中游所見最早的鑊是春秋晚期至戰國末年這一時期的，為大口、平沿、束頸、折肩，腹壁較直。

　　作為食器、禮器的鼎，鑊烹好後的食物升於另鼎，即為升鼎，它是青銅禮器中的主要食器，專以盛裝熟肉並調味。在古代社會中，它被當作國家政權的象徵，用來「明尊卑、別上下」。周禮將這種分工明載於祀典而加以規範，升鼎成為祭祀的中心而稱為「正鼎」。又依特權等級差別，逐漸形成了西周的列鼎制度。列鼎，是指按照禮制要求排列的一組形制相同、大小遞減的鼎的組合。貴族等級愈高，使用的鼎數就愈多。據周禮規定，西周時，天子用九鼎，盛牛、羊、豕、魚、臘、腸胃、膚、鮮魚、鮮臘。東周時國君宴卿大夫，有時也用九鼎，諸侯一般用七鼎。卿

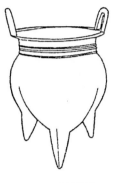

▲圖3-3　鬲的線描圖

▶圖3-4　商代鹿耳四足青銅甗，
　　　　江西新干縣大洋洲遺址
　　　　出土（江西省博物館網
　　　　站）

▲圖3-5　無耳深腹圈足
　　　　簋的線描圖

▲圖3-6　獸首耳深腹圈足
　　　　簋的線描圖

▲圖3-7　春秋素面扁足銅簋，湖北當陽趙家
　　　　埫3號墓出土（湖北省博物館、湖北
　　　　省文物考古研究所網站）

大夫用五鼎，士用三鼎或一鼎。[1]

　　鬲，鬲是煮器，鬲有三足而鬲中空，《漢書·郊祀志》中謂鬲就是空足鼎。新石器時代普遍使用陶鬲，青銅鬲最早出現在商代早期，如在湖北黃陂盤龍城出土的侈口矮頸錐足式鬲，侈口束頸，圓肩立耳，鼓腹分檔，尖錐形空足。

1　馬承源：《中國古代青銅器》，上海古籍出版社，1988年。

▲圖3-8　西周馬紋銅簋，湖南桃江縣連河沖金　　　▲圖3-9　春秋子季贏青簠，湖北襄陽山灣出土（湖北省博物館、
　　　　泉村出土（湖南省博物館網站）　　　　　　　　　　　湖北省文物考古研究所網站）

　　甗，是當時常見炊具，由兩部分構成，上體為甑，下體為鬲，上體盛米，中間是箄（bì），下體裝水，用來蒸煮食物。如在江西新幹縣大洋洲遺址出土的商代鹿耳四足青銅甗即是。與中原地區比較，差別主要是下體的鬲，楚器為高襠高足，中原同一時期的鬲則矮襠矮足。

　　簋，是盛放食物的器具。圓口，圈足，無耳或有兩耳、四耳，方座，帶蓋等形制。如在湖北黃陂盤龍城李家嘴出土的商代早期的無耳深腹圈足簋和獸首耳深腹圈足簋。春秋早中期，長江中游與中原均流行圈座下加三小足的圓簋，器形差別不大，春秋晚期起，楚出現方座簋直至戰國末年。此類簋造型、裝飾都很精美，與中原的素面而簡樸的風格形成鮮明對照。

　　簠（fǔ），是祭祀和宴饗時盛飯食的器具。《周禮·舍人》：「凡祭祀共簠簋。」鄭玄《注》：「方曰簠、圓口簋，盛黍、稷、稻、粱器。」簠一般為長方體，如盨棱角突析，壁直而底平埋，足為方圓或矩形組成的方圈。蓋和器形狀相同，大小一樣，上下對稱，合起來成為一體，分開則為兩個器皿。如湖北襄陽山灣出土的春秋子季贏青簠。簠出現於西周早期後段，但主要盛行於西週末春秋初，戰國晚期後逐漸消失。

▲圖3-10 戰國嵌紅銅幾何紋龍形足銅敦，湖北襄陽蔡坡4號墓出土（湖北省博物館、湖北省文物考古研究所網站）

▲圖3-11 商代圈點紋假腹原始瓷豆，江西樟樹市吳城遺址出土（江西省博物館網站）

▲圖3-12 戰國早期方「豆」的線描圖，湖北江陵藤店出土

　　敦，敦是盛放飯食的器皿，由鼎、簋的形制結合發展而成。敦產生於春秋中期，盛行於春秋晚期至戰國晚期，秦代以後消失。《爾雅・釋丘》疏引《孝經緯》說：「敦與簋、簠容受雖同，上下內外皆圓為異。」如湖北襄陽蔡坡4號墓出土的戰國嵌紅銅幾何紋龍形足銅敦。楚敦的器形基本特徵是器蓋與器身同形（春秋晚期有的蓋鈕與器足稍異，蓋淺而器稍深），合之成球狀或橢圓形，蓋鈕與器足同形。

　　豆，豆是用以盛放醃菜、肉醬等調味品的器皿。《周禮・醢人》：「掌四豆之實。朝事之豆，其實韭菹、醓（tǎn，肉汁）醢、昌本（菖蒲根）、麋臡（nǎn）、菁菹、鹿臡、茆菹、麇臡。」豆有圓口與方口之分，還有有蓋與無蓋之別。如江西樟樹市吳城遺址出土的商代圈點紋假腹原始瓷豆和湖北江陵藤店出土的戰國早期方豆。銅豆出土較少，人們常以陶豆、漆豆為主，青銅豆出現於商代晚期，盛行於春秋戰國。

　　俎，俎是切肉、盛肉的案子，為長方形案面，中部微凹，案下兩端有壁形足。它也為禮器，常與鼎豆相連。《周禮・膳夫》載：「王日一舉，鼎十有二，物皆有俎。」《禮記・燕義》說：「俎豆、牲體、薦羞，皆有等差，所以明貴賤也。」俎很少出土，可能當時多為木製。

　　盞，盞的形態似簋、敦，但沒有圈足或方座。特別是直口束頸，深腹圓底，三

▲圖3-13 商代象形銅尊，湖南醴陵出土（國家數字文化網全國文化信息資源共享工程主站）

▲圖3-14 商代晚期青銅四羊方尊，湖南寧鄉出土（楚學文庫）

▲圖3-15 湖北隨縣曾侯乙墓銅尊（湖北省博物館、湖北省文物考古研究所網站）

矮蹄足，有隆起之蓋，蓋上四環鈕，腹部有二耳和二鈕。傳世器有王子申盞[1]，出土器有湖北的鄦（yú）於為盞。[2]河南淅川楚墓、湖北襄陽宜城、當陽江陵楚墓均有出土。盞流行於春秋中晚期，戰國晚期仍有出土，但已接近敦形，僅器蓋小於器身而已。

匕，匕是挹（yì）取食物的匙子。《儀禮・少牢饋食禮》：「廩人摡（gài）甑甗匕與敦於廩爨。」鄭玄《注》：「匕所以匕黍稷者也。」《士昏禮》：「匕俎從設。」《注》：「匕所以別出牲體也。」可見匕的用途是挹取飯食和牲肉。考古發現的匕常與鼎、鬲同出，如湖北隨縣曾侯乙墓出土的14件匕均與鼎、鬲共出，其形各異。

❷・酒器

尊，尊是酒器的共名，凡是酒器都可稱尊。金文中稱禮器為尊彝，尊像雙手奉酉形，彝像雙手獻瀝血的雞，乃所以尊酒奉雞牲祭祀之意。尊彝是祭祀的禮器之共名，不是指某種禮器之專名。青銅器中專名的尊特指侈口、高頸、似觚而大的盛酒

1　郭寶鈞：《商周銅器群綜合研究》，文物出版社，1981年。

2　劉彬徽：《楚國有銘銅器編年概述》，《古文字研究》第九輯，中華書局，1984年，第331-372頁。

▲圖3-16 「壺」的線描圖

▶圖3-17 戰國壺，湖北江陵望山2號
墓出土（湖北省博物館、湖
北省文物考古研究所網站）

備飲的容器。也有少數方尊和形制特殊的尊，模擬鳥獸形狀，統稱為鳥獸尊。長江中游地區出土了大量的青銅尊，如湖南醴陵出土的商代象形銅尊和寧鄉出土的商代晚期青銅四羊方尊。後來，尊又指酒杯，寫作「樽」。尊盛行於商代和西周初期。

壺，分盛酒與盛水兩種。作為貯酒器的壺，深腹，斂口，楚地多流行方壺和圓壺兩種。如湖北黃陂盤龍城李家咀出土的商早期的長頸圓壺就是其中的一種。

爵，用於饗飲酌酒之器，少數用以烹煮酒或溫酒。爵的一般形狀為前有流，即傾酒的流槽，後有尖銳狀尾，中為杯，一側有鋬（即把手），下有三足，流與杯口之際有柱。如湖北盤龍城出土的商早期的杯體雙柱爵。爵盛行於商和西周，尤以商代最多，春秋戰國時已很少見。

斝，為盛酒行裸（guàn）禮之器，或云兼可溫酒。形狀似爵，但較大，有三足，口沿有一柱或兩柱，侈口，有的有蓋，有的無蓋，腹有直筒狀、鼓腹狀，底有平底、圓底，形制較多。無流和尾，有大鋬可執。如湖北黃陂盤龍城商代銅斝。斝主要盛行商代。

觥（gōng），又作　（gōng），古代盛酒器或飲酒器。《說文‧角部》：「觥，兕牛角可以飲者也。」《詩經‧周南‧卷耳》：「我姑酌彼兕觥。」鄭玄《注》：「罰爵也。」「旅酬必有醉而失禮者，罰之亦所以為樂。」觥的形狀不止牛頭一種，它出現於商代，早期的觥形狀像牛角橫置形，下承長方圓足，前端作龍頭狀，有蓋。後來觥演

▲圖3-18 「爵」的線描圖　　　▲圖3-19 湖北黃陂盤龍城商代銅斝（湖
　　　　　　　　　　　　　　　　　　北省博物館、湖北省文物考古
　　　　　　　　　　　　　　　　　　研究所網站）

化為像一有流的瓢，上有蓋，蓋覆流處成為獸頭，向上昂起，後有鋬，下有圈足。有的觥附有小斗可挹酒。觥也有完全成為動物形的。觥的使用延至西周中期，後來這種酒器被淘汰，被改造為盥水的器具。

　　罍（léi），用於盛酒和盛水的器具。《詩經・周南・卷耳》中有：「我姑酌彼金罍。」《爾雅・釋器》郭璞《注》：「罍形似壺，大者受一斛。」罍又兼可盛水。《儀禮・少牢饋食禮》：「司宮設罍水於洗東。」罍有方形和圓形兩種。方形罍寬肩、兩耳、有蓋。圓形罍大腹、圈足、兩耳。罍主要盛行於商和西周。湖北江陵岳山、河南桐柏縣月河左莊均有出土。

　　鐳（léi），盛酒器。鐳實際上是罍的演變，都是小口大腹的容酒器。它們之間的區別在於罍有三耳，而鐳僅有肩上二耳，而罍名消失或罕見之時，正是鐳的行用之時。鐳出現於西周晚期，沿用至春秋。湖北襄陽趙湖、河南光山均有出土。

　　尊缶，為盛酒器。古人多用陶質缶。《說文》：「缶，瓦器。所以盛酒漿，秦人鼓之以節謌（gē），象形。」青銅尊缶見於春秋中期，皆斂口而大廣肩的形狀。淅川下寺楚墓和蔡昭侯墓內均有出土，自名為尊缶。

　　盉，盛酒或調和酒之器。《說文・皿部》：「盉，調味也。」王國維《說盉》云：

▲圖3-20 「缶」的線描圖　　　　▲圖3-21 戰國盉，湖北江陵望山1號墓出土（湖
　　　　　　　　　　　　　　　　　　北省博物館、湖北省文物考古研究所網站）

「盉之為用，在受尊中之酒與玄酒而和之而注之於爵。」盉的形狀較多，一般是深
腹、圓口、有蓋，前有流、後有鋬，下有三足或四足，蓋與鋬之間有鏈相連接，也
有無蓋和鏈的。盉盛行於商和西周。

　　瓿（bù），是盛酒漿或水的禮器，大的古稱甕，小的古稱甌（biān）。上古三代
時期沒有「瓿」字。漢以後說法頗多。《說文‧瓦部》：「瓿，甌也，從瓦音聲。」
「甌，似小瓿，大口而卑，用食，從瓦扁聲。」這類酒器大約流行於商中期至晚期前
段。湖南寧鄉黃材有出土。

　　甀（zhuì），盛酒器。《玉篇》云：「甀，罌也。」《方言》：「罃，韓鄭之間謂
之甀。」這類器高度一般在25-30釐米之間，其大者可達50釐米以上。甀始於春秋早
期，形體寬而扁，有方扁和圓扁兩種。安徽壽縣蔡侯墓有出土。

　　枓（zhǔ），挹酒器。本作斗，為區別量器斗，故取「枓」字。徐鍇《說文解字
系傳》云：「枓，勺也，從木斗聲。臣鍇按，字書枓，斗有柄，所以斟水。」枓既可
挹酒，也可斟水。枓有柄，像北斗之形。湖北隨縣曾侯乙墓有出土。

　　勺，取酒漿之器，與斗作用相似，但形狀不同。《說文》：「勺，枓也，所以挹
取也。」枓勺皆有小杯，枓柄曲。湖北隨縣曾侯乙墓有出土。

▲圖3-22　「瓿」的線描圖

▲圖3-23　「甄」的線描圖

❸ · 水器

水器大致可分為承水器、注水器、盛水器以及挹水器四種，包括盤、匜、鑑、汲壺等。

盤，是承水器。商周宴饗時飯前宴後要行沃盥禮。《禮記·內則》曰：「進盥，少者奉槃，長者奉水，請沃盥，盥卒授巾。槃，承盥水者。」以盤承接棄水。青銅盤流行於商周。湖北黃陂盤龍城、江西靖安和湖北江陵藤店均有出土。

匜（yí），是盥手注水器，是與盤配套使用的，也是長江中游地區當時最常見的盥洗器之一。《左傳》曰：「奉匜沃盥」，即執匜澆水於手洗沫。匜流行於西周晚期至春秋時期。湖北隨縣曾侯乙墓及安徽壽縣朱家集均有出土。

鑑，乃盛水盛冰之器，可用以照容貌、保存食品、沐浴。《說文》：「鑑，大盆也。」青銅鑑，於春秋中期至戰國出現並流行。特別值得一提的是曾侯乙墓出土的製作十分精巧的冰鑑，當中為一方酒壺，外為一大方鑑，方鑑與壺之間有較大空

▲圖3-24　「盤」的線描圖

▲圖3-25　「匜」的線描圖

中國飲食文化史　長江中游地區卷·上冊

76

▲圖3-26 戰國鑑，湖北荊門包山2號墓出土

▲圖3-27 春秋百乳銅鑑，湖南湘鄉牛形山27號墓出土
（湖南省博物館）

隙，估計夏可鎮冰，冬可填炭，經試驗，夏季冰酒需填冰塊一百多斤。

❹·宴饗樂器

夏商周三代貴族的飲食是頗講究的，往往在歌舞樂曲聲中進餐。出土的青銅樂器有鐘、鎛（bó）、鉦（zhēng）、錞（chún）于、鼓等。

鐘，是周代的青銅打擊樂器。鐘樂是楚國朝聘、祭祀和宴享奏樂時不可缺少的。一九七八年至一九八〇年在河南淅川發掘了春秋楚墓二十五座，其中一、二、三號墓出土了編鐘四套共五十二件，戰國時代的編鐘完整的有三套，其中質量最佳的是擂鼓墩1號墓所出土的一套曾侯乙編鐘。

鎛，是大型單個打擊樂器，與編鐘、編磬配套使用，一般作為貴族宴饗或祭祀時用。鎛如大鐘，用以指揮樂隊的節奏性。隨縣擂鼓墩曾侯乙墓出土的整體編鐘下層有一大鐘，一般認為是鎛，形如深腔之平口紐鐘，舞（鐘體的頂部名舞）上飾透雕蟠龍紋紐。

錞于，打擊樂器。《周禮·地官·鼓人》：「以金錞和鼓。」鄭玄《注》：「錞，錞于也，圓如頭，大上小下，樂作鳴之，與鼓相和。」錞于可用於祭祀集會、宇廟享孝時的宴樂。湖南瀘溪、長沙、龍山白羊等處均有出土。

鼓，多為木質，我國商周青銅鼓遺存只有兩具，其中長江中游地區一具。鼓在古代應用範圍很廣泛。《周禮·地官·鼓人》：「掌教六鼓四金之音聲，以節聲樂，

以和軍旅，以正田役。」用於宴饗演奏是其用途之一。

二、豔麗華美的楚國漆製飲食器具

我國漆器的歷史悠久，風格獨特，在原始社會時期就已開始用漆。商周以後，生漆的應用開始向人們生活起居的多方面擴展，其中以楚地漆器最為有名。一九五八年，在湖北蘄春毛家嘴西周早期遺址中發掘出的漆杯，呈圓筒形，黑色和棕色漆底上繪紅彩，紋飾分四組，每組由雷紋或迴紋組成帶狀紋飾。製作之精美，說明當時的漆製品工藝已很成熟。東周時，我國髹漆工藝進入了一個興盛時期。近幾十年來，楚墓出土的漆器最多，保存也最好。屈原在《楚辭‧招魂》中所描繪的「羽觴」「竽瑟」「華酌」等器物及其紋樣裝飾，從現已出土的漆器實物中均可得到印證，足見楚髹漆工藝之發達。

優越的地理條件、溫和濕潤的氣候為漆樹、油桐等樹木的生長提供了良好的環境。楚國鐵器在生產上的普遍使用，大大地提高了漆器木、竹胎的生產效率，從而使大量生產漆器成為可能。春秋戰國之際，輕巧華美、耐酸鹼，經久耐用的漆器得到了迅速發展。楚國漆器不僅數量多，品種全，而且漆色豔麗豐富，紋樣內容和表現形式極為繁複。楚人所用的漆，除黑漆外，還有紅、黃、白、紫、褐、綠、藍等各色油漆。最難製造的金、銀色漆在楚漆器中也有應用，為我國髹飾史寫下了新的篇章。

楚漆器種類相當豐富。據《楚文化志》綜合分類，按用途楚漆器可分為生活用具（包括飲食器等、日用器）、娛樂用具、工藝品、喪葬用品和兵器等。飲食用具有幾、案、俎、笥、盒、匣、豆、樽、壺、鈁、耳杯、杯、盤、碗、勺、匕等，其中以盛食器具的數量最為豐富。

下面介紹幾種主要的漆製飲食用具。[1]

1　張正明：《楚文化志》，湖北人民出版社，1988年，第61-92頁。

▲圖3-29 漆耳杯的線描圖　　　▶圖3-28 卮

　　卮（zhī），即樽，是古代的一種酒器。《戰國策・齊策》中說：「楚有祠者，賜其舍人卮酒。舍人相謂曰：『數人飲之不足，一人飲之有餘。請畫地為蛇，先成者飲酒。』一人蛇先成，引酒且飲之，乃左手持卮，右手畫蛇，曰：『吾能為之足。』未成，人之蛇成，奪其卮曰：『蛇固無足，子安能為之足？』遂飲其酒。為蛇足者，終亡其酒。」在這則「畫蛇添足」的故事中，楚國貴族的門客用的就是漆製酒杯，即卮。亦說明卮的容量不大。卮在長沙、江陵等墓葬中均有出土。

　　漆耳杯，即羽觴。古代用於盛酒、盛羹或盛食。楚國出土的漆器中漆耳杯數量很多。《楚辭・招魂》中也說：「實羽觴些。」王逸《注》：「實，滿也。」耳杯杯口一般呈橢圓形似耳狀故名，弧壁，平底，少數有假圈足。器內一般髹紅漆，外髹黑漆。大致有方耳杯、圓耳杯和高座耳杯三種。

　　漆盒，用以盛裝食物的食具。有方盒、罐形盒、鴛鴦形盒、帶足盒、龜形盒、矩形盒、圓盒、橢圓形長盒等形制。其中曾侯乙墓出土的鴛鴦形盒造型別緻，整體似鴛鴦，身部雕空，背上有一長方孔，安置一長方蓋，蓋上浮雕夔龍。全身黑漆地，朱繪鱗紋，間飾小黃花圓點。腹身兩邊分別繪撞鐘圖和擊鼓、舞蹈圖。

　　漆豆，盛食器。形狀與高足盤相似，盤上有的帶蓋，有的無蓋，有的作鴛鴦

▲圖3-30 戰國彩漆木雕鴛鴦形盒，湖北隨縣曾侯乙　　▲圖3-31 戰國漆鴛鴦豆復原件，湖
墓出土（湖北省博物館、湖北省文物考古　　　　　　北江陵楚墓出土
研究所網站）

形，有的作方盒形。其中江陵雨台山427號墓出土的鴛鴦形漆豆，蓋與盤合成一隻
鴛鴦形，盤頸側視，雙翅收合，蜷爪，尾略翹。尾部兩側繪有兩隻對稱的金鳳，作
回首站立狀，栩栩如生。

　　漆箱、漆桶，戰國漆箱僅發現於曾侯乙墓，依所裝物品不同，可分為衣箱、食
具箱、酒具箱等。酒具箱為長方盒形，內髹朱漆，外髹黑漆。器身與器蓋內橫隔成
長短不一的五格，器身內有一長格又加一豎板隔開，故共為六格。格內分別裝方形
漆盒、圓罐形漆盒、漆耳杯等物。食具箱長方形，蓋、身基本等高、等大，蓋底兩
旁均釘銅釦，箱外黑漆，箱內朱漆。

　　漆案，一種有短腳的盛食物的托盤。湖北江陵天星觀戰國中期1號墓、隨州曾侯
乙戰國早期墓、河南信陽長檯關戰國中期1號墓均有出土。

　　漆勺，用以舀湯，出自幾座大墓。如曾侯乙墓出土的3件漆勺有兩種樣式。一
種是長柄為扁體，斷面為矩形，末端最寬，靠近末端彎曲，勺身為橢圓斗形。全身
黑漆，木勺柄的面上施朱繪云雷紋。另一種是長柄作圓桿狀，勺身呈鏟狀，全身黑
漆，沒有紋飾。

此外，還有漆盤、漆碗等漆器。飲食類漆器的大量出土，說明楚地使用漆製食器十分廣泛。

第三節　食物加工、製作技術的進步與楚地貴族飲食

一、楚人常用的調味料與「五味調和」的理念

隨著人們對飲食烹飪認識的深入，不再滿足於各種食物的自然本味。在長期的實踐中，開始將一些調味料用到日常飲食中。

周時即對「五味」已有了較為明確的認識，《周禮·天官·疾醫》：「以五味、五穀、五藥養其病。」《禮記·禮運》曰：「五味六和十二食，還相為質也。」鄭玄《注》：「五味：酸、苦、辛、鹹、甘也。」

❶·鹹味調料

鹽，長江中游地區的人們在遠古時期就已開始食用鹽。鹽在夏商周時期已成為人們應用最為廣泛的一種調味品。鹽是人體血汗中不可缺少的成分，其主要作用能調節細胞間滲透平衡及正常的水鹽代謝。

醢，醢是以肉為原料製成的肉醬，最初可能是先民們保存肉類和魚類的一種方法，後發展成為日常的調味品了。「醢」字在《楚辭》中曾出現十餘次。

豆豉，一種豆製食品，調味品之一。豆豉的生產和食用早在戰國的長江中游地區就出現了。《楚辭·招魂》中曰：「大苦鹹酸，辛甘行些。」王逸《注》：「大苦，豉也。辛，謂椒薑也。甘，謂飴蜜也。言取豉汁，和以椒薑，醎酢和以飴蜜，則辛甘之味，皆發而行也。」東漢人劉熙在其《釋名·釋飲食》中說：「豉，嗜也，五味調和須之而成，乃可甘嗜也。故齊人謂豉聲同嗜也」。

❷·甜味調料

長江中游地區乃至全國最早利用的甜味品是野蜂的「蜜」，以及用澱粉穀物製成的飴和蔗糖糖漿。

飴，飴是楚國常見的食品，味甜，主要甜味成分是麥芽糖。《楚辭・招魂》中說：「粔籹（jùnǔ）蜜餌，有餦餭些。」粔籹，即今之饊子；蜜餌，即飴糖製作的糕餅。東漢許慎的《說文解字》收進了「糖」，注曰：「飴也，從米，唐聲。」從此「糖」成為甜味劑的統稱。

蔗漿，早在戰國時期的長江中游地區就已開始使用蔗糖漿，它是從甘蔗中搾取的。一般用於飲料、甜味料或甜味食品。甘蔗是喜溫性植物，楚地宜於栽培。《楚辭・招魂》：「胹（ér）鱉炮羔，有柘漿些。」柘與蔗通，柘漿即甘蔗汁。許慎《說文解字》收進了「蔗」字：「蔗，藷蔗也。」段玉裁《注》：「藷蔗」即「甘蔗」，並引述服虔《通俗文》曰：「荊州竿蔗」。

❸・酸味調料

梅，梅是最早的酸味調料之一，長江中游地區很早就產梅。梅在湖北江陵和河南信陽楚墓中均有發現，《詩經・君南・摽有梅》中也有記載。梅是青梅一類的果實，這類果實有極強的酸味；在葷腥魚肉中調入梅汁或梅醬就會使食品顯得味美可口。因為酸有解膩及分解蛋白質的作用，在烹調中能使魚肉的骨骼易於酥軟。因此，《尚書・說命》中講：「若作和羹，爾惟鹽梅」。

酢，也稱酸、醯（xī）。楚人用酢作酸味調料是較普遍的。《楚辭》中有五六處提到食物的調酸。《招魂》：「和酸若苦，陳吳羹些。」王逸《注》：「言吳人工（善於）作羹，和調甘酸，其味若苦而復甘也。」《招魂》又云：「大苦鹹酸。」五臣云：「酸，酢也。」可見酸本酢名，酢之酸味者曰酸。引申之，凡味之酸如酢者，皆可稱作酸。

❹・辛、香味調料

辛、香調料在烹調中具有除腥解膩的作用，並能給食物增加風味，因此當時已廣泛使用於烹飪，屢見於先秦文獻。荊楚潮濕陰冷，多食辛辣可以暖胃、袪濕、驅

寒，地理環境與飲食風格決定了楚人嗜辛辣的習慣。

花椒，春秋戰國時期楚國已廣泛使用。《楚辭》中「椒」出現過14次。長沙馬王堆出土花椒百餘顆，湖北隨縣曾侯乙墓出土花椒500餘粒。[1]花椒具有特殊的香麻味，屬較早的香辛味型調味料。

蘘荷，香味原料。《楚辭·九歎》：「耘藜藿與蘘荷。」王逸《注》：「蘘荷，葍蒩也。」《楚辭·大招》：「膾苴蒪只。」王逸《注》：「苴蒪，蘘荷也……膾、炙切蘘荷以為香，備眾味也。」可見蘘荷不僅味香，而且可以用作調料。

桂，桂作調料的部分為其皮和花。《楚辭·九歌·東皇太一》：「奠桂酒兮椒漿。」王逸《注》：「桂酒，切桂置酒中也。言己供待彌敬，乃以蕙草蒸肴，芳蘭為藉，進桂酒椒漿，以備五味也。」說明當時是以桂為香料加入酒中飲用的。[2]

酒，既是飲料，至春秋戰國時期又作調料。如《周禮》鄭云《注》：製作醢時就要「漬以美酒」。酒是很好的有機溶劑，易於揮發，可增加菜餚的香味，減輕油膩感，除羶去腥。

此外，辛香調料還有蓼、薑。

❺·「五味調和」 ——古人對飲食美味的理想追求

調味品是中國飲食文化不可分割的重要組成部分。當調味進入人們生活時，人類才真正開始享受食物帶來的愉悅。楚國已經使用鹽、醬、豆豉、糖、醋，以及香辛料等調味品進行調味，體現了中國古人追求飲食「五味調和」的理念。

中國人將「五味調和」看作是調味的最高標準。味，是飲食五味的泛稱，和，是中國古代哲學思想的精髓，在這裡代表飲食之美的最佳境界。古人認為「辛、甘、酸、苦、鹹」各有其味，單一味道給人的感受並不盡善盡美，必須經過調和，才能取長補短，相互作用，達到適口和芳香，令人回味無窮。《呂氏春秋·本味》中講：「調和之事，必以甘、酸、苦、辛、鹹，先後多少，其齊甚微，皆有自起。

1　湖北省博物館：《曾侯乙墓·上冊》，文物出版社，1989年，第452頁。
2　姜亮夫：《楚辭通故》，齊魯書社，1985年，第646頁。

鼎中之變，精妙微纖，口弗能言，志不能喻。若射御之微，陰陽之化，四時之數。故久而不弊，熟而不爛，甘而不噥，酸而不酷，鹹而不減，辛而不烈，淡而不薄，肥而不腺」。

春秋戰國特別是漢代以後，「五味調和」理論得到進一步延伸，它以天人相應的陰陽五行學說為基礎，以五行衍生五味、五臟，以五味與五臟相匹配構成了中華民族飲食文化「以養為目的，以味為核心」的宗旨。無論在飲食文化理論中，還是在烹飪實踐製作中，都遵循著以「五味調和」的陰陽平衡，去協調五臟的陰陽平衡。體現了中國古代先民最本初的哲學思想。《黃帝內經・素問》曰：「陰陽者，天地之道也，萬物之綱紀，變化之父母，生殺之本始，神明之府也。」要做到五味調和，各種調味料的互相配合是必不可少的。古人對各種調味料以五味進行分類，並總結了各自的功效。使用時根據食材的特點，彌補食材的不足或欠缺，調劑其過分的味道，以達到和諧適中，令食者吃出健康與快樂。

二、食物加工技術的進步和油烹法的誕生

❶·原料初加工的進步

糧食的初加工。穀物加工工具最早的形式即研磨器或稱磨穀器，它貫穿著幾乎整個新石器時代，它的效率雖然不及後來的杵臼，但比起用手搓，或用兩片石頭對搓，效率還是高多了。代替研磨盤的是杵臼。杵臼出現於新石器時代末期，《周易・繫辭》中所說的「斷木為杵，掘地為臼，臼杵之利，萬民以濟」，指的就是這類加工方法之濫觴。早期的杵臼存在著較多的缺陷，這其中主要是米與土常常混雜在一起。張舜徽在《說文解字約注》「臼」字注中說：「太古掘地為臼，米與土自相雜，故重在擇米，其後既穿木石為臼，而米漸純潔。」說明這種加工方法是在不斷完善的，臼逐漸被石、陶所替代。杵臼的產生，是穀物加工工具發展史上的第一次飛

躍，它的工效無疑比平板的或馬鞍式的磨穀器高得多。[1]

杵臼只能加工出整粒糧食。隨著社會生產力的提高，人們要求進一步改善自己的生活條件，製作更美的食物。正如考古學家郭寶鈞所說：「糧食加工及炊飪烹調等程序，無非是舂之礦（mò）之，以省咀嚼；煮之蒸之，以助消化；烹之調之，以和五味；乾之醃之，以便攜帶和貯藏，如此而已。」[2]春秋時期，更為先進的穀物加工工具石磨可能已出現了。先秦時把石磨稱為「磑」（wèi）或「礦」，《世本•作篇》中講：「公輸作磑。」公輸班是春秋末年魯國著名工匠。東漢許慎《說文解字》中說：「磑，礦也。古者公輸班作磑。」張舜徽在《說文解字約注》中指出：「合兩石琢其中為齒相切以磨物為磑。北人謂之磑，江南謂之磨，實一物也。」一九七五年在湖北雲夢睡虎地出土的秦墓竹簡，為我們提供了明確的以「麥」加工製粉的記載。《秦墓竹簡•倉律》：「麥十斗，為麵三斗。」[3]《說文》：「麵，麥核屑也。十斤為三斗。」麵是麥麩中還雜有麵的名稱，麥十斗除去三斗麵外，其餘自然是細麵了。麵粉加工的出粉率已作法律的規定，麵食在秦時自然是常見的食品了，磨，自然是最得力的工具。[4]小麥麵粉的出現，為後來饅頭、麵條、餅子等麵製食品的發明提供了原料，從「粒食」到「粉食」，是人類飲食生活的一大進步。

魚肉蔬菜的刀工處理。夏商周時期的長江中游地區不僅有大量的銅製刀具，還有為數不少的鐵製刀具，以及用於加工烹調原料的「削」出土。在湖北江陵、湖南長沙、衡陽以及韶山、資興舊市均有楚國鐵削出土。

關於當時刀工的技術水平，歷史文獻中多有所反映。西周時，對肉的加工列有專門官員負責，即《周禮•天官》所說的「內饔」和「外饔」。《莊子•養生主》記載了庖丁高超的解牛技術，從中可見當時刀工技術的普及和技藝的高超。

1　姚偉鈞：《中國飲食文化探源》，廣西人民出版社，1989年，第92-93頁。
2　江西文管會：《南昌老福山西漢木槨墓》，《考古》，1965年第6期，第268-272頁。
3　睡虎地秦墓竹簡整理小組：《睡虎地秦墓竹簡》，文物出版社，1978年，第45頁。
4　姚偉鈞：《中國飲食文化探源》，廣西人民出版社，1989年，第94頁。

❷・煎炒類等油烹法的產生

三代期除了沿用新石器時代的燒、烤、煮、蒸、燴等火烹、水烹、汽烹等烹調方法之外，還出現了煎、炒等用油烹調的方法。由單純的用水及蒸汽為介質烹調發展到用油烹調，這是烹調史上的又一次飛躍。

要對烹飪原料進行煎炒，必須具備三個條件，即有鋒利的刀具、油脂和傳熱迅速且耐高溫的金屬炊具。考古資料證明，「炒」法至遲在春秋時期，至少在當時的楚國已經出現了。[1]

一九二三年在河南新鄭縣春秋時期的墓葬中出土的「王子嬰次之炒爐」，據考古工作者鑑定是一種專作煎炒之用的青銅炊器，該爐高11.3釐米，口徑長45釐米，寬36.6釐米，形狀似長方盤，器壁內側刻有「王子嬰次之痰（chǎo）爐」。對此，考古學家陳夢家在《壽縣蔡侯墓銅器》一文中指出：「東周時代若干盤形之器，並不皆是水器。」《禮記・禮器》注云：「盆，爐盆也。」似指新鄭所出「王子嬰次之炒爐」。該器的質地比較薄，適合煎炒之用。另外，東周銅器銘文中凡從火字的均寫作「痰」，這是當時的書寫特點。痰，從廣炎（chǎo）聲，即現在的「炒」字，「痰」即「炒」字。可見「痰爐」乃煎炒之器。

楚國區域內也先後出土了一些可作煎炒之用的器具。如一九七八年湖北隨縣曾侯乙墓曾出土了一個青銅爐盤，高21.2釐米，分上下兩層，上盤口徑39.2釐米、下爐盤口徑38.2釐米、上盤足高9.6釐米、下爐足高7.5釐米、鏈長20釐米。下盤深3.5釐米，盤底有13個鏤空的長方形孔，盤下有三個蹄式矮足。出土時爐內還有木炭，實際就是一個燒木炭的炭爐。上層為盤，出土時盤上有魚骨，盤底有煙熏火烤痕跡，經鑑定為鯽魚。盤的深度不高，可能是為了便於煎炒的操作而設計的。一九七九年四月，江西靖安出土了一件春秋時期徐國之器，自銘「爐盤」，其形狀和曾侯乙爐盤大體相同。

以上所述大致可以說明三代期長江中游地區已經出現了專作煎炒之用的炊具，人

1　姚偉鈞：《中國飲食文化探源》，廣西人民出版社，1989年，第102-104頁。

們已經開始運用煎炒之法進行烹飪。這在古代文獻中可以進一步得到證明，《楚辭》「招魂」「大招」等篇章中，就有「煎鴻鴰」「煎鰿膗雀」等菜餚名稱。

三、古代「冰箱」及早期的食品保藏法

隨著農業生產的發展，促進了糧、肉、果蔬等食物儲藏方法的改進。糧食貯存從窖穴存放到陶質罐、缸儲存，繼而到倉、廩保藏，使糧食保存的效果逐步提高。對於肉類以及蔬果、飲料等的保藏也出現了多種方法，大體上可分為醃醬法、乾製法和冷藏法三大類。

❶·醃醬法

蔬菜類原料加以醃製稱之為「菹」，肉類原料醃製成的醬稱之為「醢」。這類食品保藏法在當時極為常見。《楚辭》中多次提及。

❷·乾製法

乾製法就是將原料中的水分脫去一部分，以增加保藏時間。《楚辭・離騷》云：「固前修以菹醢。」修，即脯，亦即乾肉。可見楚人已掌握並使用了製作乾肉的方法。楚人還懂得將米炒熟製成不易變質的乾糧。《楚辭・九章》中講：「願春日以為糗（qiǔ）芳。」糗是炒熟的米、麥等穀物。有搗成粉的，有不搗成粉的。

❸·冷藏法

冷藏法是降低貯藏食物的溫度，以延緩或防止食物變質的一種方法。這類方法有井藏（利用井與地面的溫差）和冰藏兩種。其中最值一提的是用冰鑒保藏食物的方法。《周禮・天官・凌人》中講：「春始治鑑，凡外內饔之膳羞鑑焉。凡酒漿之酒醴亦如之，祭祀共冰鑒，賓客共冰，大喪共夷槃冰，夏頒冰掌事，秋刷。」曾侯乙墓出土了製作十分精巧的冰鑒，當中為一方酒壺，外為一大方鑑，鑑壺之間有較大空隙，估計夏可鎮冰，冬可填炭。經試驗，夏季冰酒需填冰塊50多千克，比今之冰箱略小。

《楚辭·招魂》云：「挫糟凍飲，酎清涼些。」王逸《注》：「凍，冰也。言盛夏則為覆蹙乾釀，提去其糟，但取清醇，居之冰上，然後飲之」。

四、《楚辭》「二招」中的楚國貴族飲食

隨著國家的強盛和經濟的繁榮，楚國的物產開始豐富起來，畜禽五穀、山珍野味均端上了人們的几案。由於烹飪器具的改進，可以採用鋒利的刀將原料切割得精細、均勻。鹹、甜、酸、辛香等調料的普及可以使菜餚五味調和。「廚師」可以用煎、炒、蒸、煮、燜、燒、烤等多種烹調方法把肴饌做得豐富多彩。加之食物保藏法的改進，使人們可常年吃到較新鮮的食物。那時，人們的飲食已有主食、副食之分，飯、菜、湯、點、酒之別，筵席上也開始講究營養、口味、菜點的搭配。這一時期楚人的飲食生活已達到了較高的水平。《楚辭》中的《招魂》和《大招》篇給我們留下了兩張相當齊備且具代表性的菜單，是當時楚國貴族飲食生活的真實寫照。

《招魂》列舉的肴饌有：

室家遂宗：食多方些。（宗族相聚舉行祭祀，有多種多樣的食物。）

稻粢穱麥，挐黃粱些。（稻米粟麥作粥飯，飯中摻著黃粱。穱：麥的一種。挐：摻雜。黃粱：黃小米。）

大苦鹹酸，辛甘行些。（大苦與鹹的酸的有滋有味，辣的甜的也都用上。大苦：一說豆豉；一說苦味甚者。）

肥牛之腱，臑若芳些。（肥牛腱子肉，小火煨得爛又香。臑：通「胹」，煨爛。）

和酸若苦，陳吳羹些。（五味調諧真鮮美，這是吳式好羹湯。）

臑鱉炮羔，有柘漿些。（清燉甲魚烤羔羊，還有新榨的甘蔗漿。）

鵠酸臇鳧，煎鴻鶬些。（醋烹天鵝煮野鴨，雁肉鶬鶊煎得香。）

露雞臛（huò）蠵（xī），厲而不爽些。（火烤雞和龜羊湯，味道鮮美胃不傷。露：

一說借為「鹵」；一說借為「烙」，火烤。臛：肉羹，不加菜，純粹用湯來煮。蠵：大龜。厲：烈也。爽：敗也。）

粔籹蜜餌，有餦餭（huáng）些。（油炸麻花裹蜂蜜，饊子甜酥請君嘗。粔籹：用蜜和米麵做成的饊子。蜜餌：搗黍加蜜製成的餻。餦餭：乾的飴糖或一種麵食。）

瑤漿蜜勺，實羽觴些。（進蜜酒，酌瓊漿，裝滿酒杯端上堂。）

挫糟凍飲，酎清涼些。（冰鎮清酒真爽口，請飲一杯甜又涼。）

華酌既陳，有瓊漿些。（精美的酒具已擺好，玉液瓊漿美名揚。酌：盛酒的斗。華酌：即光華美麗的酒斗。瓊漿：同「瑤漿」。）

《大招》列舉的肴饌有：

五穀六仞，設菰粱只。（五穀堆的山樣高，筵席上將雕菰米飯陳放。）

鼎臑盈望，和致芳只。（一排食鼎列庭堂，五味調和傳芳香。鼎臑：用鼎煮好的食物。盈望：所見皆是。）

內鶬鴿鵠，味豺羹只。（鶬鶊、鴿子、天鵝與豺狼，飛禽野味作羹湯。）

鮮蠵甘雞，和楚酪只。（鮮美的大龜和嫩雞，調和楚國好酸漿。）

醢豚苦狗，膾苴蓴只。（烤乳豬、燉狗肉、蘸著醬，雜用膾炙，切蘘荷以為香。）

吳酸蒿蔞，不沾薄只。（吳國酸菜味道美，不濃不淡正適當。）

炙鴰蒸鳧，煔（qiān）鶉臛只。（烤烏鴉蒸野鴨，鵪鶉煮得爛又香。鴰：烏鴉。煔：將生料在沸湯中燙熟。）

煎鰿臛雀，遽爽存只。（煎鯽魚，雀肉湯，吃罷永遠不會忘。遽爽存：《楚辭通釋》：「遽，與遽同。猶言如許也。爽，食之有異味，今俗言味佳者為爽口。存，猶在也。」）

四酎並熟，不澀嗌只。（四種醇酒一時熟，不澀不辣又不嗆。四酎：四重釀。酎指重釀酒，經過兩次以至多次復釀的醇酒。嗌：咽喉。）

清馨凍飲，不歠（chuò）役只。（冷凍飲料真清涼，到口甘滑流入肚腸。役：意為用。歠：飲。不歠：意為甘滑隨口而下，不用飲。）

吳醴白蘗，和楚瀝只。（吳國甜酒、白米麴蘗，調和楚酒更芬芳。）

這兩張食單告訴我們，當時楚貴族的飲食是十分講究的，從口味上看，酸甜苦鹹辛五味俱全；從食物類型看，有菜餚，有點心，有主食，還有冷飲。對照起來共有二十九種主副食品，如米飯、菰米飯、燉牛蹄筋、吳國的羹湯、清燉甲魚、火炮羔羊、醋烹天鵝肉、煎炸大雁、煎炸黃鶯、紅燒魚肉、滷雞、蜜糕、糖餅、清燉黃鶯、清燉鵪鴿、清燉天鵝、豺肉湯、美酒等。另有一些文獻也記有楚國肴饌，如：枯魚，西元前六〇〇年前後，當時楚國的令尹孫叔敖是一個清白的官，他出門時坐的是柴車，每餐的菜餚也只有菜湯和枯魚，《韓非子‧外儲說左》曰：「棧車牝馬，糲餅菜羹枯魚之膳」。說明枯魚是極平常和普通的菜。

長江中游地區的先民以芬芳的飲料為美，尤愛美酒。至春秋戰國時期人們所生產的酒主要是發酵酒。那時的酒可分為濁酒和清酒兩大類型。

濁酒：是不經過濾、汁滓混合的酒，味醇滓多的有「醴」和「醪」兩種，味薄汁多的有醨。醴酒在《楚辭》中多有記載，如「麴醴」「吳醴白蘗」「欲酌醴以娛憂兮」等。醴酒的特點是釀造時間短，麴少米多，成酒稠濁，其味稍甜，略帶酒味。莊子有「君子之交淡若水，小人之交甘若醴」之說，從某種意義上講，它只能算是一種甜飲料。楚國盛產醴類名酒，如楚國的腹地現湖北宜城一帶所產醴酒十分有名，遠銷各地，進貢京城。這種酒可連滓一起飲用（類似現在的米酒），也可以濾去滓飲用。有的學者認為醴與醪的區別在於：醴中的米粒是融合在酒液中，酒液呈黏稠狀；醪中米滓漂在酒面上，眾多如同浮蟻，而且醪的釀造時間略長於醴，度數也較醴稍高。[1]

醨，是一種稍帶米糟的薄酒。《楚辭‧漁父》：「眾人皆醉，何不餔其糟而歠其醨」。

清酒：清酒是楚人常飲用的酒。清酒的特點是釀造的時間較長，度數較高，滋味醇厚，酒液清澈。清酒與濁酒在滋味上有甜、辣之別，色澤上有清、濁之別，釀

1　後德俊：《楚國科學技術史稿》，湖北科學出版社，1990年，第161頁。

造時間上有長、短之別。《楚辭・大招》有「吳醴白蘗，和楚瀝只」，「瀝」就是一種經過濾的清酒。王逸《注》曰：「瀝，清酒也。言使吳人釀醴，和以白米之麴，以作楚瀝，其清酒尤釀美也。」「釀」指酒性濃烈；醴，甜酒。隨縣曾侯乙墓中出土了用以冰酒的用具冰鑒，所冰之酒就是經過過濾了的清酒。

清酒中的「上品」是用包茅（可能是一種香草）過濾的香酒，使酒更美。一九八七年在楚國故地河南信陽地區羅山蟒張鄉天湖商代墓地出土了我國現存最早的古酒，經河南省食品工業研究所的測試，證明每百毫升酒內含有8.239毫克甲酸乙酯，並有果香氣味，這種酒雖經過三千多年的水解、醇解、氨解等一系列化學變化，至今還能測出它的成分，說明這是一種濃郁型香酒。

第四節　楚國的飲食風俗

一、楚人的飲食禮儀

至春秋戰國時，地處長江中游地區的楚人已形成了獨特的民情風俗，「楚人立乎東西南北之中，介乎華夏與蠻夷之間，既頑強地保持著充滿浪漫情調和淳樸氣息的傳統，又在擴張、兼併的過程中採取了『入鄉隨俗』的政策，從而廣泛地吸收了各民族的文化因素，使之與本民族的文化傳統融為一體，由此形成了色彩斑斕的鄉風民俗。」[1]楚學家張正明主編的《楚文化志》將楚人的風俗和信仰分為拜日、崇火、尊鳳，尚赤、尚東、尚左，尚武、愛國、忠君，尚鬼、崇巫、喜卜、好祀以及日常生活和審美觀念幾個方面。

楚人的尚赤之風盛行朝野，楚墓所出土的漆器，大量施用紅彩。豆、盤、卮、樽、勺、耳、杯、盒等生活用具，一般內壁全髹紅彩，外壁以黑彩作底，突出表現

1　張正明：《楚文化志》，湖北人民出版社，1988年，第397頁。

各類紅色的精美花紋。楚人尚左，楚伐隨，季梁對隨侯說：「楚人上左，君必左，無與王遇。」[1] 楚人宴席之中以東為上，至楚漢之際，遺風尚存：「項王、項伯東向坐，亞父南向坐。」「沛公北向坐，張良西向侍。」[2] 項羽東向坐是自居尊位而當仁不讓，亞父乃重臣座位僅次於首席，劉邦勢單力薄，屈居亞父之下。作為民俗傳承至今，長江中游部分地區仍遺存古風，喜用紅凳、紅桌、紅筷、紅菜，以添喜慶氣氛，長者面東，首席居其左。

楚國飲食禮儀是很有講究的，等級制度森嚴，這從飯食器具、祭祀和食物內容等方面明顯地反映出來。

楚國陶禮器的特殊風格主要表現在形制上，所有陶禮器的總體風格可以說是清秀素淨。各種鼎共同的發展趨勢是鼎足由矮變高。對於銅禮器，楚人所追求的不是修長淡雅，而是體型的精巧和紋飾的富麗。

進食的內容因身分不同而有差異。《國語‧楚語上》：「國君有牛享，大夫有羊饋，士有豚犬之奠，庶人有魚炙之薦，籩豆、脯醢則上下共食之。士食魚炙，祀以特牲；庶人食菜，祀以魚。」貴族吃的是大魚大肉，而庶人平時只能吃點蔬菜，只有在祭祀的時候才能用魚。

楚人的飲食場所及設施也有自己風格。他們對房屋求高廣，而室內擺設卻低矮。楚墓出土的幾、案均為矮腿，是依楚人席地而坐的習慣所設計製作的。

二、楚人的飲食嗜好

楚人除了嗜酒外，楚國貴族還崇尚鐘鳴鼎食的就餐氛圍。音樂是最能與人內心世界溝通並產生共鳴的，內心自我約束的「禮」與音樂往往能夠達到水乳交融的和諧狀態。飲食講求「五味調和」，而音樂追求「五音和諧」，本質上與中國的「和」文化是一脈相通的。一般楚國貴族在宴享時會有伴樂。一九七八年在湖北隨縣出土

1　左丘明：《左傳‧桓公八年》，中華書局，1980年。
2　司馬遷：《史記‧項羽本紀》，中華書局，1982年。

了震驚世界的曾侯乙編鐘及石磬，一九八一年考古工作者又在湖北擂鼓墩二號墓發掘出一套編鐘，其音色、音律與曾侯乙編鐘相通。

楚人愛吃魚。楚國是以魚多著稱於世。世人劉向《說苑》謂：「今日漁獲，食之不盡，賣之不售，棄之又惜，故來獻也。」捕捉到的魚吃不完，賣不掉，棄掉又可惜，可見魚之多。《說苑》又曰：「孔子之楚，有漁者獻魚甚強，孔子不受。獻魚者曰：『天暑市遠，賣之不售，思欲棄之，不如獻之君子。』孔子再拜受。」可以看出當時漁民每日的捕魚量是很可觀的。《戰國策》引墨翟的話說：「江漢魚鱉黿鼉為天下饒。」楚人范蠡寫下了世界上最早的一部養魚專著──《養魚經》。這些均反映出楚國魚產豐富，捕魚、養魚已具有相當豐富的經驗。

調味注重五味調和。楚人使用的鹹味調料有食鹽、肉醬、豆豉等，甜味調料有飴、蜂蜜、蔗漿等，酸味調料有梅和酢，辛香味調料有花椒、襄荷、桂、酒、蓼、薑等。總而言之，荊楚北面乃黃河流域民族，注重鹹味；又東臨吳越，其味嗜甜；西接巴蜀，愛好辛辣。荊楚兼容並蓄，將各方之味都吸收融合，養成了注重五味調和的口味特徵。[1]

偏愛飛禽走獸、山珍野味。《楚辭·大招》和《楚辭·招魂》中列舉的食品，一般是當時人們比較喜歡和質量比較「高檔」的。其中以動物原料為主，其品種有牛蹄筋、甲魚、羔羊、天鵝、大雁、黃鶯、魚、雞、鵪鶉、野鴨、烏鴉、鴿、雀、豺、狗、龜、豚等。

三、楚人的祭祀飲食習俗

在遠古氏族社會，除狩獵、採集、畜牧等活動外，在宗教、祭祀、藝術等方面的活動中也莫不與飲食有關。部落狩獵前向山神和百獸之神祭禱；狩獵完畢後向山神和獸神謝恩，向代表被獵物的神祇祈禱，請求原諒；播穀前向地母和稷神祈禱，

1　李玉麟：《先秦荊楚飲食研究》，蘭州大學碩士論文，2009年第5期，第1-56頁。

收割後向地母和稷神謝恩。凡此種種，本質上都是對自然的敬畏、祭祀與崇拜，是大自然賜予了人類的生命與飲食。隨著生產力水平的提高和獲取食物方式的進步，與食物有關的祭祀活動日趨規範化、禮儀化，如春祈穀，秋報功。尚鬼、崇巫、喜卜、好祀的楚人格外注重祭祀，因此，楚祭祀過程中的飲食活動氣氛十分濃郁。楚人常舉行的祭祀活動有如下幾種：

❶ · 春之祭

在先秦時期，農曆一月的歲時活動是以「立春」為中心展開的，活動的中心內容是以祈求五穀豐登為目的的祭儀。楚人在立春及其前後的祭儀有祭祀農具之神、先祖及火神、社神、飲食神等。

祭祀農具之神的習俗在中原地區很早就已流行，《夏小正》云「初歲祭耒」，耒是一種較原始的手耕農具。到了周代，祭耒已有固定日期（立春日）和豐富內容，如禮儀性的春耕、祭天地祖及四方之神，貴族和庶民分別群聚飲酒歡慶。至遲在春秋時，楚人便將祭耒演變成為祭田，並融合進一些自身特色的活動，如飲椒酒、茹蔥，佩戴各種除疫之物等。

祭火神之俗由來已久。據《史記·楚世家》載，楚人祖先重黎、吳回都曾擔任「火正」一職，即《漢書·五行志》中所說的「掌祭火星，行火政」的司火之官，黃帝賜姓「祝融氏」。既要仰觀天象授時，又要俯察地理以放火燒荒，還要主持與用火有關的一系列祭祀活動。故後人將「祝融」視為司火之神，從而形成了楚人在祭祀火神的同時也兼而祭奠祖神祝融的活動，傳承至今，逐漸演變成後世臘月二十四日前後的「灶王節」。

祭社神分春、秋兩祭，春祭在農曆二月進行。對於先秦各民族來講，社神往往由祖先神兼任，楚人的社神就是祖先神重黎，《禮記·月令》鄭玄《注》曰：「后土亦顓頊（zhuānxū）氏之子，曰犁（按：即重黎），兼為土官。」楚人在春社日的節令食品主要是「糗」（即乾飯屑，乾糧），此種食品便於在春嬉活動中隨身攜帶。《楚辭·九章·惜誦》：「擣木蘭以矯蕙兮，鑿申椒以為糧。播江離與滋菊兮，願春日以

為糗芳。」即是以楚人製作春社日食用的乾糧為寫照的，其中「糗芳」意為「芳香的乾糧」。

祭飲食神和大司命神（仲春祭大司命，仲秋祭小司命，前者表現為迎神，後者為送神）也在農曆二月舉行。其中祭飲食神傳統習俗中突出楚人特色的當推「臘（lú）」（古代祭祀名，古籍中存在不同說法）。《說文》釋曰：「楚俗以二月祭飲食也。」《風俗通》卷八記云：「楚俗常以十二月祭飲食也。」其初指田獵前後的祭獸儀式，是氏族社會捕獵階段的遺風，最初的祭祀對像是以虎（或狸、狼）等為原型的具有山神格和獸神格的靈獸。祭祀時，依身分不同所設供品而不同，士以上可用牛、羊、豬等品祭祀，而庶人只能以魚作供品。

❷ · 夏之祭

祭獬（xiè）豸（zhì）神。先秦時期的楚人有以角黍（即後世所說的「粽子」，古又稱「楝實」）類熟食投享獬豸神獸的習俗。如《拾遺記》卷二載：「（周昭王）時東歐獻二女，……此二人辯口麗辭，巧善歌笑，步塵上無跡，行日中無影。及昭王淪於漢水，二女與王乘舟，夾擁王身，同溺於水。故江漢之人，至今思之，立祠於江湄。……至暮春上巳之日，祓集祠間，或以時鮮甘味，采蘭杜包裹，以沉水中。或結五色紗囊盛食，或用金鐵之器，並沉水中，以驚蛟龍水蚌，使畏之不侵此食也。」又如《爾雅翼》卷八「楝」字注云：「宗懍引《風俗通》，以為『獬豸食楝，原將以信其志也』。」獬豸是先秦楚人和齊人崇拜的一種獨角神羊，傳說它能分辨曲直，充當神判獸，又能決猶豫、定吉凶。它應是居於水中，與蛟龍共處。奉享獬豸的方法是投楝實於水中，為了免被蛟龍竊食，就以具有闢邪、厭勝功能的「五色絲」纏縛楝實。正因為江漢地區原就有投楝實於水中祭享東歐二女及上古江灘居民崇拜江水女神奇相的古老風習，所以到了戰國與秦漢之際便很容易地被附會和置換成了吊享赴水而死的屈原祭儀和蛟龍與屈原爭食的故事。並演化成後來的端午節和端午食粽風俗，成為我

國民間三大節日之一。端午節的正式形成時間雖然不在先秦，而在漢、晉之際，[1]但這個節日醞釀期都是在先秦時期，孕育、滋養這個節日的土壤也是楚文化氛圍與楚國民俗傳統。

祭火神慶典在農曆六月舉行。此月適逢一年之半，是新穀成熟的時節，也是大火星亮度最強的一個月，先秦時期的楚人在這個月要舉行一次隆重的祭祖神兼火神祝融的節慶活動。活動的主要內容有祭祖、嘗新、祈年、聚餐和歌舞聯歡，以祈五穀豐登，家業興旺。《禮記·月令》云：「季夏之月，……昏心中，……其神祝融，……其祀灶。」這個月祭火神祝融乃華夏諸國慶典。只是對於楚人來講，祭火神兼有祭祖神的意味，而且慶典氣氛、規模也要熱烈、隆重得多。秦漢之際，楚人的六月祭火神慶典已轉化為祭灶儀式。西漢時期民間六月祭灶要聚飲聯歡，許多官員也不能免俗，《漢書·孫寶傳》記：「後署（孫）寶為主簿，寶徙入室，祭灶請比鄰。」祭灶時要邀請或組織鄰里鄉黨聚飲，即是先秦祭火神後聚飲聯歡習俗的遺存。東漢時期，灶神的神性和形象又與司命發生了疊合——後世漢族因此習稱灶神為「一家之主」或「司命主」，祭灶的時間也因司命形象及神性的摻入而改在了農曆二十二至二十四，日期未變，但月份變了。

在交通閉塞、與外界文化交流較少的西南地區，許多古代民俗得以從較原始的形態保存下來，部分民族的「火把節」即較多地保存了楚人祭火神節慶的習俗因子。如雲南《建水州志》載：「（六月）二十五日為星回節，於燃松炬，釃（jù）飲村落，以炬插田，設牲醴致禱，即《詩》『田祖有神，秉畀炎火』之意。」可見，「火把節」在六月份舉行，與楚人的祭火神季節日期等有淵源。

❸ · 秋之祭

秋季楚人要祭織女星神、祭鬼、賞月、祈壽。這幾項活動，大致相當於後世的乞巧節、中元節、中秋節和重陽節。秋天是收割的季節，楚人十分重視秋祭。據推

1　宋公文、張君：《楚國風俗志》，湖北教育出版社，1995年。

測祭織女星神是在初秋時節，那時新穀登場，瓜、果先後成熟，正是「秋嘗」的好時節。祭鬼節也在初秋，主要是祭祖、迎拜刑殺之神，同時也嘗新、聚宴。《月令》云：孟秋「農乃登穀，天子嘗新，先薦寢廟」，即指的是「秋嘗」。據《後漢書·章帝紀》注引《續漢書》載，漢代上至貴族，下至民間，還有「三伏立秋嘗粢盛酎」的盛會稱為「嘗酎會」。

中秋節早在先秦時，楚國即已具雛形。戰國時期楚人已將四仲之節氣列為盛大慶典，特別是在中秋舉行的祀秋活動顯得特別隆重、熱火。楚人在十五之夕有盪舟賞月之俗，並有餐菊飲露之俗。《離騷》：「朝飲木蘭之墜露兮，夕餐秋菊之落英。」王逸《注》云：「言己旦飲香木之墜露，吸正陽（太陽）之津液；暮食芳菊之落華，吞正陰（月亮）之精蕊（秋菊是秋月和秋祀女神的化身和屬類，秋菊之蕊及所沾夜露，涵有月華的精氣），動以香淨，自潤澤也。」可見楚道家與學仙之徒已有秋夜餐月華精氣的導引、吐納活動了。宋玉《遠遊》也曾提到「餐六氣而飲沆瀣兮」，沆瀣即是清露、月華之水。《三輔故事》也講：漢武帝時「建章宮承露盤高三十丈，大七圍，以銅為之。上有仙人掌承露和玉屑飲之」。漢武帝飲露食玉的求仙活動也是受到楚國故俗和楚方士的影響。

九九重陽節在先秦楚國也已見雛形，「重陽」之名最早即見載於《楚辭》。楚人在這個節日傳承的民俗事象主要為哀悼火神、飲菊花酒、佩茱萸、食蓬餌、祈壽和登高求仙。楚人崇拜大火星，將之作為祖神兼火神祝融的化身。而在農曆九月看天象，大火星就隱沒不見了。在楚人的神祕想像中，大火星的隱入便意味著火神休眠或暫時地死亡了。於是，就有一個與「內火」現象相應的哀悼送終儀式（「內火」指大火星隱入了）。由於文獻失載，當時景象不詳，但從漢代及其以後人們在重陽節中的一些民俗活動來看，卻多少可看出一些這個古老儀式的遺影來。如《西京九記》曰：「漢武帝宮人賈佩蘭，九月九日佩茱萸，食蓬餌，飲菊花酒，云令人長壽。相傳自古，莫知其由。」晉代周處《風土記》云：「漢俗（九月）九日飲菊花酒以被除不祥」。

❹・冬之祭

　　周曆十月（夏曆十一月）蠟祭，是歲終對百神的祭祀。這個大年慶典是由慶豐年、酬百神、鄉飲酒、息老物、祭先祖、祈來歲等組成。春秋戰國時期，楚人已將周人的大蠟祭祀活動吸收過來了。《國語・楚語下》記有楚觀射父評論「蠟祭」的一段言語：「天子遍祀群神品物，諸侯祀天地、三辰及其土之山川，卿、大夫祀其禮，士、庶人不過其祖。……國於是乎烝嘗，家於是乎嘗祀，百姓夫婦擇其令辰，奉其犧牲，敬其粢盛，慎其糞除，慎其采服，禋其酒醴，帥其子姓，從其時享，虔其宗祝，道其順辭，以昭祀其先祖，肅肅濟濟，如或臨之。」這段話的意思是天子普遍祭祀群神萬物；諸侯祭祀天地、日月星辰以及他們封國的山川；卿和大夫祭祀五祀和祖先；士和百姓只祭祀自己的祖先。國家在這時要舉行秋祭和冬祭，百姓家這時也要舉行秋祭和冬祭，百姓之家的夫婦們選擇良辰，供奉祭牲，敬獻黍稷，打掃清潔，鄭重穿好祭服，濾清甜酒，率領自己的子弟和同族，舉行四季的祭祀。主祭的宗祝虔誠地唸著祝福的祭辭，來隆重祭祀他們的祖先，恭恭敬敬，濟濟一堂，如同神靈降臨。

　　祭太一神。楚人在冬至節祭祀的主神為太一。太一，在南派道學家學說中是混濁、宇宙本體和原初的物質與精神的存在，在楚人的觀念中則是北極星神和至上神。《楚辭・九歌・東皇太一》是祭太一的樂歌，楚人為了表達對太一的尊崇，特別加上了「東皇」二字。王逸《章句》云：「太一，星名，天之尊神，祠在楚東，以配東帝，故云東皇。」從《東皇太一》這首樂歌中，我們可以看到楚人在冬至節迎祭太一神上供的是美酒佳餚：「蕙肴蒸兮蘭藉，奠桂酒兮椒漿。」《章名》對「蕙肴」的解釋是「以蕙草蒸肉也」。《說文》對「奠」的解釋是「置祭也」。這兩句歌詞的意思是：獻上蘭草墊著的用蕙草包著的蒸的祭肉，置上桂酒椒子湯。

　　對節氣、對神靈、對農具的祭祀，是農耕文化的典形體現，他們祭祀春的生發，夏的耕耘，秋的收穫，冬的守歲，寄託了心中祈盼風調雨順、五穀豐登的美好願望。表現了古人敬畏自然、熱愛生態、重守天時節氣，「看天道，做人事」，恪守「天人合一」的文化理念。

第四章

秦漢魏晉南北朝時期
荊楚飲食特色的形成

秦漢魏晉南北朝時期，長江中游飲食文化有了長足的發展，呈現出以下幾個主要特點：「飯稻羹魚」特色形成；旋轉磨的廣泛使用與爐灶的改進引起了飲食的變革；鐵器和瓷器成為飲食器皿，是飲食史上的一大突破；食物種類繁多，一批荊楚名肴脫穎而出。荊楚飲食風尚已初步形成。

第一節　北人南遷促進了土地的開發及經濟發展

秦代的水利工程溝通了長江與珠江水系的聯絡，漢代楚地諸王也很強勢，促進了這一時期的經濟發展。

自東漢末開始，歷魏晉而南北朝，中國氣候轉入近5000年來的第二個寒冷期。中國北方氣候惡劣，禍亂相循，關中和中原兩大經濟區遭到慘重破壞，各種天災人禍一齊襲來。大難當前，人們為了活命，不得不背井離鄉，去自尋一個可以安身立命之所在，從而形成了北方難民南遷的第一個高潮。

西晉末年，持續十六年之久的「八王之亂」尚未完全止息，內遷的少數民族軍事貴族又起兵反晉，掀起了一場爭奪北方統治權的血戰，使黃河流域遭到空前慘重的破壞。《晉書‧虞預傳》載，那時已是「千里無煙爨之氣，華夏無冠帶之人。自天地開闢，書籍所載，大亂之極，未有若茲者也。」於是又掀起了北人南流的第二次高潮。

這一股空前巨大的難民流猶如洪水一般，一齊湧入江南，由沿江一帶逐步向更遠、更南的地區擴展。隨著人口的南移和先進生產技術的引進，江南的農業生產迅速由粗耕向精耕轉變，促進了當地的開發。這樣，以長江為界，江南各地呈現出一派欣欣向榮的景象。特別是在南朝時期，豪門權貴們紛紛「搶占田土」「封略山湖」，還爭先恐後地「占山」，連丘陵、緩坡也開闢為耕地，使農田大為增加。當南方是熙來攘往，男耕女織，雞歡狗唱，稻穀飄香時，北方則是兵燹（xiǎn）饑饉，天昏地暗，到處是屍骨堆山，血泊成河。這樣一來，全國的經濟重心便自然南移了。

自東漢末年，長江中游地區在經濟上表現出強勁的發展勢頭，最為突出的是人口成倍增長，勞動力充裕。長江中游地區人口、戶數占全國總數的比例也在不斷提高。據中國經濟史學家梁方仲《中國歷代戶口土地田賦統計》一書所載相關資料綜合粗略統計，西漢元始二年（西元2年）長江中游地區記載的戶數和人口數分別占全國戶口總數、人口總數的7%左右；而東漢永和五年（西元140年）則高達21.04%和18.01%；到劉宋，大明八年（西元464年）則高達24.02%和24.75%。人口的迅速增加，促進了社會生產力的提高，從而帶來了農業生產的發展。

長江中游地區獨特的自然環境，決定了其在相當長一段時間內處於「地勢饒食」「飯稻羹魚」的經濟生活狀態。《史記·貨殖列傳》寫道：「楚越之地，地廣人稀，飯稻羹魚，或火耕而水耨，果蓏蠃蛤，不待賈而足，地勢饒食，無饑饉之患，以故呰（zǐ）窳（yǔ）偷生，無積聚而多貧。是故江淮以南，無凍餓之人，亦無千金之家」。至三國兩晉以後，長江中游的經濟開發取得了較大的成就。江夏郡、南郡所在的江漢平原，豫章郡所在的鄱陽湖及贛水流域，長沙、衡陽、湘東、零陵、邵陵諸郡所在的洞庭湖以及湘資沅流域，原有的開發點與新的開發點鱗次櫛比，連成一片。隨著大面積的土地開發，江南湧現出一批頃刻之間可以散盡數千斛米的富商巨賈，據《抱朴子·吳失篇》載，這些富商們「僮僕成軍，閉門為市，牛羊掩原隰，田池布千里」。《宋史·史臣論》中亦載：至劉宋時期，「荊揚二州，……地廣野豐，民勤本業，一歲或稔，則數郡忘飢。會土帶海傍湖，良疇亦數十萬頃，膏腴上地，畝值一金，鄠（hù）、杜之間，不能比也。荊城跨南楚之富，揚部有全吳之沃，魚鹽杞梓之利，充仞八方；絲綿布帛之饒，覆衣天下」。

中國封建社會前期長江中游地區的土地開發，大體上可以劃分為四個階段，第一階段是春秋戰國時期，長江中游只有漢水流域得到局部開發，其他地區基本尚未開發。第二個階段是漢至三國西晉時期，個別開發區接近黃河流域的水平，但就整個地區而言，還只是點線式的布局，連成片的開發區屈指可數，多數地區仍處於相當落後的狀態。第三個階段是東晉南朝時期，進入全面開發，其經濟和社會發展的綜合水平已經趕上黃河中下游平原，全國經濟重心開始南移。第四個階段是隋唐五

◀圖4-1　西漢竹簡，湖南長沙馬王堆漢墓
　　　　　出土（《中國烹飪大百科全書》，
　　　　　中國大百科全書出版社）

代時期，長江流域的土地開發及社會經濟發展水平已超過屢遭天災人禍嚴重摧殘的
北方，完成了全國經濟重心的南移。

第二節　從漢墓出土看食品原料之豐富

從兩漢至魏晉南北朝時期，長江中游的食物資源有了進一步的開拓，食物品種
也更加豐富。豐富而翔實的考古實物資料，為我們瞭解當時人們的飲食生活提供了
有力的依據。這一時期的食物品類極多，僅湖南長沙馬王堆一號漢墓「食簡」就記
有一百五十種之多。[1]一九七五年十二月在湖北雲夢睡虎地發現的1155枚秦簡，記
述了秦代關於糧食加工與管理的一套極為完備的制度，以及秦代從事農業生產的情
況。

1　參見湖南農業學院：《長沙馬王堆一號漢墓出土動植物標本研究》，文物出版社，1978年；柳子明：
　　《長沙馬王堆漢墓出土的栽培植物歷史考證》，《湖南農學院學報》，1979年第2期；高耀亭：《馬王堆
　　一號漢墓隨葬品中供食用的獸類》，《文物》，1973年第9期；《座談長沙馬王堆一號漢墓》，《文物》，
　　1972年第9期；知子：《西漢第一食簡──長沙馬王堆一號漢墓遣策食名一覽》，《中國烹飪》，1987
　　年第8期；周世榮：《湘菜源流及其主要特點》，《中國烹飪》，1988年第3期。

一、馬王堆漢墓中的長沙地區食品

❶‧動物性食品

根據中國科學院動物研究所脊椎動物分類區系研究室、北京師範大學生物系對馬王堆一號漢墓隨葬動物骨骼的鑑定報告，經鑑定的動物計有24種。其中獸類6種，鳥類12種，魚類6種。獸類有：華南兔、家犬、豬、梅花鹿、黃牛、綿羊。鳥類有：雁、鴛鴦、鴨、竹雞、家雞、環頸雉、鶴、斑鳩、火斑鳩、鴞、喜鵲、麻雀。魚類有：鯉、鯽、刺鯿、銀鮰、鱤、鱖。

據一號漢墓簡文中的記述，畜類中，牛羊各100頭，牛居首位。漢代人盛行厚葬，日常吃的用的，以及一切可以顯示豪華生活的東西（有的製成模型明器），都要埋入墳墓，所謂「厚資多藏，器用如生人」。

肉食類菜品有羹（又分酢羹、白羹、中羹、逢羹、苦羹）、膚、膳、脯、炙、縈、濯、膾、肩載、熬、卵、臘等十餘類。

在長沙馬王堆二、三號墓及其他墓葬中也發現了一些實物遺存。三號墓中，共有竹笥52個，已嚴重腐朽，從保存的竹笥木牌來看，盛放食品的更有40笥之多。[1]二、三號墓出土的動物食品有鹿、豬、牛、羊、狗、兔、雞、雉、鴨、雁、鶴、魚、蛋等。

❷‧植物性食品

根據出土實物的鑑定，並參考木牌文字所記，墓裡出土的糧食品種有稻、小麥、黍、粟、大豆、赤豆、麻子（當時也作食物），水果有梅、楊梅、梨、柿、棗、橙、枇杷、甜瓜等，其他農產品還有芋、薑、筍、藕、菱角以及冬葵子、芥菜子等。雖然這些實物大部分已經炭化，但外貌仍然保持原形，梨子的梗、楊梅的絨都清晰可辨，稻穀還可明顯歸納為秈、粳和粳型糯稻等幾種類型，由此可以推斷，

1　何介鈞：《馬王堆漢墓》，文物出版社，2004年。

▸圖4-2　西漢稻穀，湖南長沙馬王堆漢墓出土
　　　　（《長沙馬王堆一號漢墓出土動植物
　　　　標本的研究》，文物出版社）

西漢初期長江中游地區的水稻品種極為豐富，秈、粳、黏、糯並存，有芒和無芒並存，長粒、中粒和短粒並存。

長沙一帶素以盛產水稻著稱，為何漢代卻大量出現旱作物呢？這裡除了葬穀習俗外，還有其他緣由。《漢書・食貨志》曰：「自周、秦以來，種穀必雜五種（即『五穀』），以備災害。」因為當時人們還沒有足夠的力量戰勝自然災害，如果一旦遭旱，水稻歉收，就會給人們帶來饑荒。因此水旱作物兼種，因地制宜，是旱澇保收的好辦法。

另外，還有幾種果品值得一談，如棘、橘和石榴。

棘，據《爾雅》解釋：「棘」就是「樲（èr），酸棗」。《說文》：「棘，小棗叢生者。」又《說文》：「棘，酸小棗。」這些解釋與出土實物鑑定不同：實物中沒有酸棗，而是大棗。棗類是「五果」（桃、李、梅、杏、棗）之一。它是一種健脾胃，益血壯身的滋補藥，同時也是一種可供充飢的「木本糧食」。民間稱它是「鐵桿莊稼」。漢代青銅鏡中常有鏡銘「尚方作鏡真大巧，上有仙人不知老。渴飲玉泉飢食棗」等語。《史記・貨殖列傳》還說：「安邑千樹棗……此其人皆與千戶侯等。」可想棗的價值多麼大。

橘，《史記・貨殖列傳》載：「蜀漢、江陵千樹橘……此其人皆與千戶侯等。」《山海經》中也說：「洞庭之山，其木多橘。」洞庭湖有「橘裡」，彭澤有「橘市」，而長沙「橘洲」也見於唐人杜甫詩句：「喬口橘洲風浪起。」可見湘鄉柑橘栽培由來已久。

石榴，馬王堆三號漢墓帛書中有記載。古籍中多講石榴是西漢武帝時張騫通西域時帶回內地的，可是帛書中關於石榴的記載卻比武帝時早了28年。

植物性食品僅從食簡分析，即有稻食、麥食、黃粲食、白粲食、粔籹（蜜和米麵製成的饊子）、僕促（一種餅的名稱）、稻蜜糒（bèi）（用米摻和著蜜製成的塊狀或糊狀食物）、稻糗（糗即糗）、棘糗（棗子和米麥一起熬製）、白糗等。

此外，還有烝秋（蒸米飯）、煎秋（米粥）、「麴」（即酒麴）。

❸・調味品

食簡上所記的調味品有脂、彊（強）、醬、煬、豉、醯、鹽、䔿和菹等九大類十九個品種，以鹹為主，有酸、辣、苦、甜各味。其中：

脂，當指動物脂肪。食簡記有牛脂、魚脂、彊脂三種，其中「魚脂」係指魚膾醬，《說文》：「鮨，魚膾醬也。」

魷，原本指魚子，作為調味品當指魚子醬，或魚醬油。

孝煬（xíng），煬即餳，濕糖。

菹，食簡記有襄苛菹、筍菹、瓜菹三種，指酸菜，既能佐飯，又可作為調味品。

❹・飲料

食簡記有白酒、溫酒、肋酒、米酒四種。其中：

溫酒，當指精釀之酒。

肋酒，肋為瀝或濾，係指經過濾的清酒。

米酒，係指不經過濾而汁滓相將的甜米酒。

二、雲夢睡虎地、鳳凰山漢墓中的江漢地區食品

一九七五年十二月在湖北雲夢睡虎地發現了1155枚秦簡，記述了秦代關於糧食加工與管理的一套極為完備而具體的制度，以及秦代農業生產的情況。此外，還發現了糧食和果品等多種實物，如十一號墓的棺底板上鋪有約1釐米厚的小米，頭箱

◀圖4-3　江西綠釉陶倉（江西省博物館網站）

裡出土有棗、桃的果核等。[1]七號墓棺底板上有稻穀殼，頭箱裡隨葬有兩件葫蘆瓢和植物果核等。[2]一九七八年發掘的四十七號墓發現有棗核等物。在七號墓的槨蓋板上發現一具完整的馬頭骨。[3]在九號墓墓坑西壁的壁龕裡殉一羊。[4]在十一號墓的槨蓋板上發現牛頭骨一具，頭箱隨葬豬、雞等獸骨。[5]在四十三號和四十四號墓的槨蓋板上各有一具狗頭骨，在四十六號墓的槨蓋板上有一具馬頭骨，四十七號墓的槨蓋板上有一具牛頭骨，四角各放置一條牛腿骨。還有一件漆扁壺的腹部，一面繪有一頭十分肥壯的牛，另一面繪有一飛鳥，鳥的下面是一匹奔馳的駿馬。[6]

　　在湖北江陵鳳凰山西漢文景時期的墓葬出土文物中有許多農作物與食物，在這些墓葬的簡牘裡，也記有許多農作物與食物。根據江陵鳳凰山漢墓的簡牘所

1　孝感地區第二期亦工亦農文物考古訓練班：《湖北雲夢睡虎地十一號秦墓發掘簡報》，《文物》，1976年第6期，第2-6頁。

2　孝感地區第二期亦工亦農文物考古訓練班：《湖北雲夢睡虎地十一號秦墓發掘簡報》，《文物》，1976年第4期，第52-58頁。

3　雲夢睡虎地秦墓整理小組：《雲夢睡虎地秦墓》，文物出版社，1979年。

4　孝感地區第二期亦工亦農文物考古訓練班：《湖北雲夢睡虎地十一號秦墓發掘簡報》，《文物》，1976年第4期，第52-58頁。

5　孝感地區第二期亦工亦農文物考古訓練班：《湖北雲夢睡虎地十一號秦墓發掘簡報》，《文物》，1976年第6期，第2-6頁。

6　雲夢縣文物工作組：《湖北雲夢睡虎地秦漢墓發掘簡報》，《考古》，1981年第1期，第43頁。

記，並與出土實物對照可將農作物及食物分為糧食類、果蔬類、調味料類、飲料類和動物類五大類。

糧食類主要有稻、粟、麥、豆、大麻等五穀；其中所記的稻最多，說明當時湖北江陵地區盛產稻穀，人們以稻米為主食。墓中出土的陶倉中裝有稻穀、粟米等糧食，應是糧食堆滿倉的象徵，值得特別提出的是在一六七號漢墓陶倉裡發現的四束稻穗，出土時色澤鮮黃，穗、穎、莖和葉的外形保存完好，對於研究當時的農業生產有相當重要的價值。

果蔬類主要有瓜、筍、芥菜、甜瓜、李、梅、葵、生薑、菜、筍、鞠、杏、枇杷、紅棗等。

調味料有小茴香、醬、蝙醬、豆醬、鹽、醯、苦酒（即醋）等。

飲料中有甘酒、澤（醇酒）、酒、酤酒、醪等。

動物類有牛排、肉脯、豬、雞、雞蛋、魚等，家畜的木質模型明器有牛、馬、豬、狗等。

三、詩文、典籍中的荊楚名肴美饌

西漢時枚乘《七發》讚美楚食肴饌為「天下之至美」。東漢時，張衡《南都賦》稱中州南陽菜餚有「百種千名」。從《七發》中可以看出當時貴族的飲食風貌，文中講：「芻牛之腴，菜以筍蒲。肥狗之和，冒以山膚。楚苗之食，安胡之飯。摶之不解，一啜而散。於是使伊尹煎熬，易牙調和。熊蹯之臑，芍藥之醬，薄耆之炙，鮮鯉之鱠。秋黃之蘇，白露之菇。蘭英之酒，酌以滌口。山樑之餐，豢豹之胎。小飯大歠，如湯沃雪。此亦天下之至美也。」這段話的意思是：牛犢肥美，蒲筍鮮蔬，肥狗羹湯，石耳蓋澆，苗地好米，菰米做飯，手抓成團，到口即散。簡直像商代名廚伊尹掌灶，像春秋名廚易牙調味。爛烹熊掌，調以香醬，烤裡脊片，切鮮鯉魚片。秋香蘇子，露後香菇。蘭花香酒，飯後漱口。山上野雞，家養豹胎。少吃飯，多喝粥，如同熱湯澆雪，容易消化。

因得地利之便，長江中游地區的水產資源得到了進一步的開發，特別是武昌魚當時已有相當聲譽了。西元二二〇年三國時代的孫權首次遷都於鄂州，據《壽昌乘》記載：武昌石盆渡有古臼遺址，「孫權於此取魚，召群臣斫膾，味美於他處」。斫膾是切很薄的生魚片。孫權死後，孫皓於甘露元年（西元265年）再次遷都武昌，但吳國臣僚不願背井離鄉。左丞相陸凱上疏孫皓時，引用了一民謠來說服吳主：「寧飲建業水，不食武昌魚；寧還建業死，不止武昌居。」從一個側面反映了三國時期武昌魚已享譽大江上下。[1]

湖北西北部的襄陽槎頭鯿也是頗有特色的一個品種。《襄陽府志》云：「鱗屬以鯿為勝，而鹿門谷城之縮項鯿尤為佳品，大者或二尺餘。」又載：「漢水中鯿魚甚美，嘗禁人捕。漢江土人以槎斷水，鯿多依槎，曰槎頭鯿。」早在1500年前的襄陽槎頭縮項鯿已經享有盛名。現已查出的最早歷史記載是西元四八〇年，曾居襄陽的蕭道成建都建康（今南京），國號齊。令襄陽刺史張敬兒把活的襄陽槎頭縮項鯿作為貢品送往建康。當時，「齊高帝求此魚，敬兒作六櫓船，置魚而獻曰：『奉槎頭縮項鯿一千八百頭。』」因此聲名遠播，宋代毛勝在《水族加恩簿》中，還給鯿魚加了個「槎頭刺史」的美譽。

第三節　餐飲器具的新變化

秦漢至南北朝，長江中游地區的餐飲器具發生了很大的變化：青銅飲食器逐漸退出了歷史舞台，漆製食具盛極一時，陶瓷食具長足發展。

1　陳光新：《荊菜的演化道路》，《中國烹飪研究》，1995年第4期，第35-42頁。

▶圖4-4 西漢銅鼎，湖南長沙桂花園楓樹坪
出土（湖南省博物館網站）

一、盛極一時的荊楚漆製飲食器具

　　青銅器在先秦時風靡一時，但後來逐漸走下坡路。到秦漢之際，青銅器越來越少，許多青銅製的餐飲具從貴族的筵席上逐步棄置不用，代之而起的是大量的木製髹漆碗盤器皿。發生變化的原因是多方面的，主要是因為封建制取代了奴隸制，使作為先秦禮制象徵的青銅器失去了存在的社會基礎和政治、文化基礎。其次，鐵器的優越性被廣泛認同，逐漸取代了青銅器從生產工具到禮器的各方面應用，於是青銅器在鐵器的興盛之下便逐漸衰弱。再有，後人認識到銅製飲食器在烹調，盛放食物的過程中會產生　些有害物質危害飲食者的健康的說法，這是後話了，如唐代名醫陳藏器說：「銅器上汗有毒，令人發惡瘡內疽。」李時珍的《本草綱目》也講：「銅器盛飲食茶酒，經夜有毒，煎湯飲，損人聲音。」這些說法已被現代科學所證明。

　　長江中游地區的秦代漆器過去所知甚少，直到一九七六年湖北雲夢睡虎地墓葬發掘，才使人們有了比較確切的認識。此次共發掘180多件漆器，不僅數量多，製作也很精美。西漢漆器產量之多，規模之大，傳播之廣遠超戰國，在楚國故地也有新的發展。《史記・貨殖列傳》載：「陳、夏千畝漆。」可見當時漆樹種植和漆器製造業規模之大。湖南長沙馬王堆漢墓出土的漆器完全可以作為漢初工藝水平的代表

▲圖4-5　彩繪貓紋漆盤，湖南長沙馬王堆一號漢墓出土（湖南省博物館網站）

▲圖4-6　西漢彩繪雲獸紋漆圓盤，湖北雲夢大墳頭1號墓出土

◀圖4-7　龍紋漆几

作。一九七三年湖南長沙馬王堆三號墓出土漆器316件，一號墓出土184件。[1]

　　西漢漆器上承戰國，有些器形十分相似，有的形制技法則為漢代所特有。就漆器的器形而言，這一時期的漆器總體風格是新穎精巧。

　　漆盤。在馬王堆三號漢墓南邊箱出土了六個雲龍紋漆盤，其中五個是底部平坦、器壁很矮的平盤，最小的盤口徑34.5cm，最大的盤口徑59cm，另外一個與現在洗滌用的木盆形式相近，直徑達73.5cm，是馬王堆漢墓隨葬漆器中形體最大的一

1　湖南省博物館中國科學考古研究所：《長沙馬王堆二、三號漢墓發掘簡報》，《文物》，1974年第7期；《長沙馬王堆一號漢墓》，文物出版社，1973年。

▲圖4-8　秦代彩繪云鳳紋漆圓奩，湖北雲夢睡虎地34號墓出土
　　　（湖北省博物館、湖北省文物考古研究所網站）

▲圖4-9　西漢漆匜，湖南長沙馬王堆漢墓出土

個。這六個漆盤疊放在一起，一個套著一個，個個精美。[1]

　　龍紋漆几。出土於三號墓中的龍紋漆几几面扁平，在光亮的黑色漆地上，用紅、赭、灰綠、褚色，描繪著乘雲穿霧、張牙舞爪的巨龍。几下面有長短兩對足，短足固定於几的背面。長足與几面之間活動木梢連接，可以轉動，要將几面抬高，只要將長足豎起就行了。若要席地而坐，用作依憑，則可將長足收攏，用木栓長掛在背面，這樣就短足著地，調節、使用都很方便，這件兩用漆器，可謂構思巧妙，匠心獨運。[2]

　　杯。漢代的飲食器具中杯很常見，它的用途不限於飲酒，主要用於盛羹。發現的漆杯常製有「羹杯」字樣，《漢書・項籍傳》中亦有「一杯羹」之語。[3]

　　除了馬王堆漢墓出土了大量漆製飲食器外，其他地區也有出土，如湖北江陵鳳凰山168號墓出土了漆器160多種[4]發掘出的漆器有壺、奩（lián）、溫酒樽、卮、盂、盒、盤、案、幾、匕、勺等。另有木骰（酒令器）出土。木質，圓球形，直徑5cm，共十八面，每面刻文字，除從一到十六的數字外，其他兩面，一面刻「驕」

1　何介鈞：《馬王堆漢墓》，文物出版社，2004年。
2　王仲殊：《漢代物質文化略説》，《考古通訊》，1956年第1期。
3　王仲殊：《漢代物質文化略説》，《考古通訊》，1956年第1期。
4　紀南城鳳凰山168號漢墓發掘整理組：《湖北江陵鳳凰山168號漢墓發掘簡報》，《文物》，1975年第9期。

▲圖4-10 西漢鳳紋漆食盒，湖南長沙馬王堆漢墓出土

◀圖4-11 秦代素漆耳杯盒，湖北雲夢
睡虎地13號墓出土

字一個，相對的一面刻「妻黑」二字。[1]

　　當時的髹飾技法十分精湛。戰國已有的針劃花紋方法在漢代仍很流行，以至出現了專門術語「錐畫」（馬王堆三號墓出土的竹簡上有「錐畫」字樣）。從出土的實物看，西漢不僅有純用針刻作裝飾的技法，而且還有在針劃紋中加朱漆或彩筆勾點的方法，如馬王堆一號墓出土的單層五子奩中的一件小奩盒，銀雀山的雙層七子奩都是。至於湖北光化西漢墓出土的漆卮，在鳥獸之氣的針劃紋中更填進了金彩，使花紋更加燦爛生輝。用漆或油調灰堆出花紋，一般通稱「堆漆」。馬王堆三號墓中的長方奩器即是代表作，其上布滿雲氣紋，以白色而高起的線條作輪廓，內用彩漆勾填，甚為精美。[2]

1　長江流域第二期文物考古工作人員訓練班：《湖北江陵鳳凰山西漢墓發掘簡報》，《文物》，1974年第6期。

2　王世襄：《中國古代漆器》，文物出版社，1987年，第14頁。

漢以後的漆器，不僅出土的數量大減，質量也有所下降。如考古發掘到的魏晉南北朝時期的漆器比漢代大為減少。例如在江西南昌吳高榮墓中發現的漆器僅15件，其中的奩盒，蓋頂鑲柿蒂紋花葉，上嵌水晶珠，蓋有金屬箍，箍間彩繪鳥獸紋，尚可見漢代遺風，但製作不甚精。當時的漆製飲食器具中比較有特色的當屬漆果盒，名為「榼」，有圓形和長方形兩種。在湖北鄂城吳墓和江西南昌的晉代墓葬中都有出土。

漆製飲食器具在歷史的舞台上風行一時之後也衰落了。因為漆器製作比較複雜，製作週期長，耗時耗工，成本也高，加之漆器忌鹽（食物常含有鹽分），不耐用也不衛生，因而漆器並不是理想的餐具。於是瓷器以其造價低廉，易於大批製作、且耐酸鹼寒熱、衛生方便的特性，逐漸取代了銅製和漆製餐具，並且成為千百年來人們餐桌上的主要餐具。

二、荊楚陶瓷飲食器具

秦漢至南北朝時期是長江中游地區陶瓷發展史上的一個重要時期。秦漢時代的陶器，以泥質灰陶器皿的使用最為廣泛。當時的陶器面貌仍然較多地保留著楚國文化的傳統特性。到西漢後期，除西漢前期流行的矮足鼎、盒、壺、罐之外，還增添了碗、盆、釜、甑、長方爐、盉和博山爐等。

考古發現，漢初的原始瓷器界於陶器與瓷器之間，一般有瓿、鼎、壺、敦、盒、鐘和罐等，形制大都仿照當時的青銅禮器，器形大方端莊，鼎、敦、盒的蓋面和上腹施青綠或黃褐色釉，製作比較精細。西漢中期，敦已完全被盒所取代，一些仿銅禮器的製器，如鼎、盒的形狀已大小如前，鼎腹很深，足很矮，有的足已縮短到鼎底貼地，變成似鼎非鼎，似盒非盒之狀。同時施釉的部位縮小，以致於完全不上釉，其製作已不如漢初的精緻、講究。至西漢晚期，鼎、盒一類的製品歸於消失，壺、瓿、罐、鈁、奩、洗、盆、勺等日常生活用器增多，生產更注重於實用。

這時餐飲器具上的裝飾較為簡樸，一般器物上都只飾以簡單的弦紋或水波紋，

未見有繁複的裝飾紋樣。到了西漢中期及其以後，裝飾手法發生了某些變化，將簡單的劃線弦紋，改為黏貼細扁的泥條，使之成為引人注目的凸弦紋；所飾的花紋有水波、卷草、雲氣和人字紋等。

真正意義上的瓷器出現於東漢，湖南益陽、湖北當陽劉家冢子等東漢晚期墓葬都曾發現過瓷製品。由原始瓷發展為瓷器，是陶瓷工藝上的一大飛躍。由於瓷器比陶器堅固耐用，清潔美觀，又遠比銅、漆器的造價低廉，而且原料分布極廣，蘊藏豐富，所以一經出現便迅速地獲得人們的喜愛，成為十分普遍的飲食用具。常見的瓷製飲食器具有：碗、盤、壺、盞、缽、盆、洗鐘、疊、瓿等。此時瓷器的裝飾花紋仍舊為弦紋、水波紋和貼印鋪首等幾種，與原始青瓷的裝飾手法無甚差異。

從現有的資料來看，長江中游地區可能到晉代才開始專門設窯製瓷。西晉時已用瓷土作坯，胎質細膩，呈青灰或灰白色，胎表施黃綠色釉。飲食器具有碗、盤、洗、槅、四季罐、盤口壺、唾壺、泡菜罈等。

長沙出土的東晉長頸四系盤口壺，帶盤三足爐，高把雞頭壺和南朝時期的龍柄盉形壺、雙蓮杯、長頸喇叭口瓶和湖北武漢等地發現的盤口壺、四繫蓋罐等都是長江中游地區特有的產品。這些瓷器，胎呈灰白色，少數為灰色或紫色，外施青或青

▲圖4-12 漆木匕，湖南長沙馬王堆漢墓出土

▲圖4-13 西漢雲紋漆鈁，湖南長沙馬王堆漢墓出土

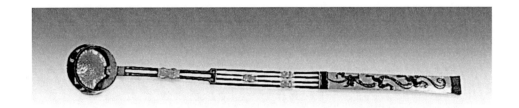

▲圖4-14 漆竹勺,湖南長沙馬王堆漢墓出土

▶圖4-15 南朝銅匙,江西南昌出土

綠、青黃色釉。

　　南朝時的製瓷作坊已在江西豐城羅湖發現。從窯址的瓷片標本和南昌、新干、清江、永修等地南朝墓葬出土的瓷器,可以窺見南朝時江西飲食瓷具的概貌。瓷胎以灰白色為尚,堪稱細膩,但燒成溫度不高,沒有完全玻化。釉層均勻,釉色以青黃、米黃色為主,也有呈豆青色的。常見的有碗、缽、盤、盞托、五盅盤、泡菜壇、罐、壺、瓶、槅和熏爐等。其中「五盅盤」是一套淺腹平底的盤,內環置五個小盅,輕巧適用。

　　總體來說,三國兩晉南北朝時期的長江中游地區,陶瓷製飲食器具器形演變的總趨勢是向實用方向發展。如盤口壺,三國時盤口和底部較小,上腹特大,重心在上部,傾倒食物相當費力,占據的平面也較大,而且還給人以不穩定的感覺。東晉以後盤口加大,頸增高,腹部修長,各部位的比例協調,線條柔和,造型優美,重心向下,放置平穩,使用時比較省力。

　　貯盛各種食物的罐也如此,器體不斷加高,上腹收小,下腹和底相應地擴大,重心向下,更加切合實用。南朝時,湖南等地生產的一種蓋罐,短直口、圓肩,上腹鼓出,下腹漸漸內收,平底,蓋面微鼓,蓋緣下折成母口。在三國西晉時已有生

產，到南朝時器形優美，而且蓋口密合，在氣候比較潮濕的長江中游地區，更適宜盛放乾燥的食品。三國、西晉時，壺和罐等容器，常以碗、碟為蓋，蓋和器口大小不一，不利於食物的保存。東晉開始，壺、罐較多地配製器蓋，蓋與器口密合，是一項很好的改進。

碗和缽也都是向高的方向發展。早期的碗口大底小，造型矮胖，以後碗壁逐漸增高，底部放大。到南朝幾乎與現代碗形相同，器壁也薄了，使用輕巧方便，只是器底較厚，多數為假圈足。

槅，以往稱格子盤、果盒和多子盒等。初期的瓷槅底是平的，不久足壁下部切割成花座，既美觀又便於拿取。東晉以後出現圓槅，長方槅逐漸為圓槅所代替。

扁壺，用於盛酒和裝水，瓷窯生產扁壺是在西晉。因為它的腹部扁圓故名。江西九江地區收集的一件西漢銅扁壺鑄銘為「鉀」。湖北江陵南城鳳凰山167號墓發現的一件漆扁壺，名為「枰」。[1]說明這種器物在漢晉時期的正名是「坤」「鉀」「枰」，由於所用的原料不同而偏旁各異。金屬的從金從甲，漆木的從木從甲，陶瓷的從土從甲。宋朝以後稱「扁壺」，至今未變。

盞托，是由耳杯、托盤發展而來的。東漢的陶瓷耳杯完全仿照漆杯的形式。漆耳杯中有寫「酒杯」「君幸酒」「君宜酒」等隸書，是飲酒用杯。耳杯的平面作橢

1　吉林大學歷史系考古專業赴紀南城開門辦學小分隊：《鳳凰山一六七號漢基遣冊考釋》，《文物》，1976年第10期，第38-46頁。

圓形，兩側附耳。三國西晉時的耳杯腹較淺，底較小，東晉時兩端微向上翹。耳杯常與托盤共存，說明是用托盤盛托耳杯的。東漢時的托盤很大，一盤托四至六隻耳杯。以後托盤逐漸縮小，到東晉常放一二隻耳杯，盤壁由斜直變成內弧。有的內底心下凹，有的有一個凸起的圓形托圈。從此盞托興起，耳杯和托盤被淘汰。南朝時，托盞已普遍生產，成為當時風行的飲茶、飲酒用具。

第四節　食物加工器具與烹飪技藝的進步

一、旋轉磨的使用與炊、灶具的改進

❶·旋轉磨的使用和推廣

秦漢至南朝時期長江中游地區的糧食加工技術取得了長足的進步，旋轉磨的使用和推廣成為中國飲食史上一大突破性的發展。

在漢代以前，中國古代的糧食加工經過了石碾盤階段和臼杵階段。在此之後則是旋轉磨研磨法，直至近代機器脫殼和粉碎法的出現，才結束了旋轉磨的使用，這一時期歷時2000餘年。

早期的旋轉磨較多地發現於小麥產區，隨著長江流域小麥栽種面積的擴大，旋轉磨也屢有發現。例如，在湖北隨縣塔兒 漢墓中出土一件石磨，係紅砂岩鑿成，磨蓋上鑿有兩個相對的半圓形深槽，槽底的漏孔為長方形，上、下扇摩擦面的磨齒鑿成輻射形，磨軸有鐵鏽痕，說明曾安裝有鐵軸。[1]湖北雲夢癩痢墩一號墓出土過一件東漢末年的陶磨明器，磨高10.2cm，徑9.8cm，托磨承盤徑24.5cm。上扇頂部中央為兩個相對的半月形下料槽，槽底穿圓孔兩個。上扇邊緣伸出一個帶孔的柄，下扇磨

1　湖北省文物管理委員會：《湖北隨縣塔兒灣古城崗發現漢墓》，《考古》，1966年第3期。

◀圖4-17 東漢綠釉船形陶灶，湖南長沙地
質局子弟學校出土（湖南省博物
館網站）

座和托底盤做成一體，托底盤下有圈足。盤有環狀槽。[1]此外，湖北的隨縣、均縣、襄陽、鄂城、宜昌等地也都出土了旋轉石磨。

長江流域最具特色的要屬礱磨。礱，實為磨的一種，多以木料製成。東漢許慎《說文解字》釋「礱，䃺也。」䃺同磨。段玉裁《注》：「此云磨也者，其引申之義，謂以石磨物曰礱也。今俗謂磨穀取米曰礱。」礱用起來靈巧省力，人們勞動時可以手扶推拉桿，桿前端的搭鉤鉤住上扇磨柄之孔，又用繩將有橫木的一端吊起。其目的是使推拉桿保持水平，便於操作。勞動時，人們握住橫木一推一拉，即可使礱運轉。這種磨在長江中游一些鄉村流傳至今，用途可磨麥、磨豆腐、做湯圓等，省時省力，用途廣泛。

由於旋轉磨的廣泛利用，使麵粉製品和豆製品擺上了人們的餐桌，豐富了長江中游地區居民的飲食生活。

❷・鐵製飲具的推廣與灶具的改進

鐵製用具的推廣和炊具的改進，促使烹飪向精製作、高水平發展。由於煉鐵技術的進步，鐵製刀具的出現，給屠宰和烹調業提供了更為便利工具。鐵釜和鐵鑊能耐高溫，給煮燉和爆炒提供了更有利的烹飪條件。

1　雲夢縣博物館：《湖北雲夢癩痢墩一號墓清理簡報》，《考古》，1984年第7期。

中國飲食文化史　▦　長江中游地區卷・上冊

漢代還有一種簡易爐灶——鐵三腳架，放在耐火磚或石板火塘上，既可烹煮，還可以圍坐取暖。一九七八年在湖南長沙金礦古墓中發掘出大量的鐵刀、鐵釜、鐵三腳架等鐵器。其中鐵釜就有七件，出土時置於三腳架上，陶甑又置於釜上，成為一套炊具。

漢代的爐灶改進。在此之前，多用地灶和單火眼的陶灶。到了漢代，出現多火眼的陶灶，既節省能源，一爐多用；又節省烹調時間，使用方便。從出土明器灶的造型來看，與現代使用的灶差不多，有灶門和煙囪，灶面有大火眼一個，或另有一二個小火眼。大火眼上放釜、甑，小火眼上放小釜，應是溫水器。在湖北雲夢睡虎地出土的西漢早期陶灶，火眼上有二釜一甑。當時還重視對煙囪的改進。秦漢以前，有的灶無「煙囪」，到漢代以後已經有「曲突」灶的煙囪，有的還高出屋頂。在湖北江陵出土的陶灶，為「『」形雙眼灶，前有火門，後有擋板。擋板上刻畫煙道或附加泥條煙道，灶上有兩釜，釜上有甑。[1] 因為高煙囪不但防火防污染，而且有拔風起火的作用，能提高灶的火力和溫度，為提高烹調速度和烹調質量創造了條件。

二、烹飪技藝的新發展

烹飪工具的改進促進了烹飪技藝的進步，烹飪方法隨之增多。僅馬王堆漢墓「遣策」（記錄隨葬品的竹木簡）所見的烹飪方法就有羹、炙、炮、煎、熬、烝（蒸）、濯、瘤（膾）、脯、臘和醢、鮨、苴（菹）等。

炮，是將獸類不去毛、裹泥，置於火上燒烤。遣策所見有脛勺（炮）。

炙，是將獸肉去毛，用竹扦（或鐵扦）貫穿成串，懸於火上燒烤。遣策所見有牛、犬、豕、鹿、雞等動物原料的肉及其內臟炙成的菜餚食品。

1　長江流域第二期文物考古工作人員訓練班：《湖北江陵鳳凰山西漢墓發掘簡報》，《文物》，1974年第6期。

羹，是水煮肉湯。遣策所見有醞羹、白羹、巾（堇）羹、逢（蓬）羹和苦羹。「醞羹」即大羹，是只放肉不加五味的純肉湯，「白羹」是加米屑的肉湯，「巾羹」是加葵菜的肉湯，「逢（蓬）羹」是加蔓菁葉的肉湯，「苦羹」是加苦茶的肉湯。

煎，是將食物置於釜中，加熱使其熟，令其乾。遣策所見有煎魚。

熬，是在煎的基礎上放入桂、薑、鹽等作料加熱製成食物。遣策所見有熬豚、熬鵠、熬鶴、熬雉、熬雞、熬鵪鶉等。

烝（蒸），是將食物原料置於甗中，離水隔火，用水氣加熱使食物成熟。遣策所見有烝（鰍）、烝醢、烝鮑。

濯，似今之炸。用動物油脂加熱製成食物。遣策所見有牛濯胃、牛濯脾含（舌）心肺、濯豚、濯雞。

脯，是鹹乾肉。用肉不加薑桂、只加鹽醃製曬乾而成。有牛、鹿等脯。

昔，（臘）是曬乾肉。遣策中有臘羊、臘兔。

肉醬，也是一種製作方法。它是將肉切碎後摻入香料和醯醬製成肉類冷肴。在東魏時期的《齊民要術》中就記載了長沙蒲鮓法（古代一種醃製魚類食品的方法。常在外面裹有竹箬、蘆葉等）。

除肉魚類外，湖湘地區的先民還對蔬菜進行冷加工，有醃、曬乾和蒸熟後使之發酵等方式。當時還有醬菜的方法，如馬王堆漢墓出土的遣策中，就記有「瓜醬一瓷」「醬杞一枚」，墓中還發現了醬菜「豆豉薑」，這是我國迄今發現的最早實物證據。

此外，目前所知長江中游最早的食品雕刻出現在湖北江陵地區。晉代宗懍《荊楚歲時記》云：「寒食……鬥雞、鏤雞子、鬥雞子。」按《玉燭寶典》云：「此節城市尤多鬥雞之戲。《左傳》有季郈（hòu）鬥雞，其來遠矣。古之豪家，食稱畫卵，今代猶染藍茜雜色，仍加雕鏤，遞相餉遺，或置盤俎。」這裡的「畫卵」「雕鏤」「鏤雞子」即表明人們的食物中有經過雕刻美化了的雞蛋。可知到了晉代，這種精美的造型食品已登上了筵宴餐桌了。

第五節　荊楚飲食風尚與食療養生理論的初步形成

一、荊楚日常飲食風俗

❶·庶民的一日兩餐制

秦漢時期，一般人的飲食習慣都是一日兩餐。吃第一頓飯稱「朝食」或「饔餐」，時間大約將近午時，漢時人稱「隅中」。《淮南子·天文訓》云：「（日）至於曲阿，是謂旦明。至於曾泉，是謂蚤食。至於桑野（東方的代稱），是謂晏食。至于衡陽，是謂隅中……至於悲谷，是謂餔（bù，晚飯）時。」

漢人的第二頓飯叫「餔食」。時間大約是在酉時，即下午五至七時。當時人們吃的晚飯多是早飯剩下的熟食，稍稍加熱便作一餐用。因此《說文》對「飧」的解釋是「食之餘也」。

漢時普通人一般每人每月的食量（以糲米為準）大體是：丁男月食一石零八升至一石二斗，折合今18.96-21.06公斤；大男（十五歲以上的男性）月食一石零八升，折合18.96公斤；大女（十五歲以上的女性）、使男（七歲至十四歲）月食七斗八升，折合13.69公斤；使女（七歲至十四歲）、未使田（六歲以下）月食六斗，折合10.53公斤；未使女（六歲以卜）月食四斗二升，折合7.37公斤。[1]與今大致相同。

而漢代宗室子弟、王公貴族一般是每日三餐，如《漢書·淮南厲王傳》記，文帝時淮南王劉長謀反，獲罪，徙蜀，文帝下令給每日「三食」，「肉日五斤，酒五斗」。當時皇帝則為四餐，《白虎通》曰：「平旦食，少陽之始也。晝食，太陽之始也。晡食，少陰之始也。暮食，太陰之始也。」可看出當時的飲食制度是上下有別的。

1　楊聯陞：《漢代丁中、稟給、米粟、大小石之制》，《國學季刊》七卷一期，1950年；黃展岳：《關於秦漢人的食糧計量問題》，《考古與文物》，1980年4期。

❷・席地而坐

兩漢時期的飲食方式是席地而坐，《禮記・曲禮》載，進食時，食品進呈的先後及排列順序有嚴格規定：「凡進食之禮，左殽右胾（zì）。食居人之左，羹居人之右。膾炙處外，醯醬處內。」又曰：「共飯不澤手。」孔穎達《疏》曰：「古之禮，飯不用箸，但用手。既與人共飯，手宜潔淨，不得臨食始捼莎手乃食，恐為人穢也。」如果吃肉，則把在鑊中煮熟的肉用匕取出，放在一塊砧板上（當時稱「俎」）。然後將俎移至席上，用刀割著吃。當時人吃飯，要先在甑中將飯蒸熟，然後用匕取出，放入簠簋，移到席上。酒則飲時注入樽、壺，放在席旁，然後斟入爵、觥、觶、杯等酒器中。

❸・飲食等級森嚴，飲酒成風

漢代的飲食等級仍很森嚴，一些人是常年酒肉不斷，一些人卻是偶爾嘗鮮；一些人是吃遍山珍海味，一些人卻只能吃點普通的葷腥；一些人是食飲食中的精華，一些人卻只能吃粗糧雜菜。例如漢代人的食糧，依加工精細的不同分為四等，粗米叫糲米，依次叫糳（zuò）米（粲米）、毇（huǐ）米（粺米）、御米。加工消耗率大約是：原糧100升，舂為糲米60升；舂為糲米54升；舂為毇米48升；舂為御米42升。[1] 統治階級食精米，勞動人民則食用糲米。

漢代，酒已滲透到社會生活的各個領域，成為人們來往交際及日常生活中不可缺少的飲料。典禮用酒，喜慶用酒；因酒以成禮，飲酒以合歡；太學考試及第，親朋至友要飲酒慶賀。正如《漢書・食貨志》中所講：「有禮之會，無酒不行。」酒已成為活躍宴飲氣氛、激發人們思想感情、引導人們情感交流不可缺少的飲品。在貴族階層飲酒成風的影響下，民間飲酒也日漸普遍。《初學記》卷十九引王褒《僮約》曰「舍中有客，提壺行酤，汲水作餔，滌杯整案」，就是當時社會生活的真實寫照。人們每逢請客送禮、婚喪嫁娶、親朋相會、逢年過節無不用酒，正如《漢書・食貨

1　黃展岳：《關於秦漢人的食糧計量問題》，《考古與文物》，1980年4期。

志》中所言「百禮之會，非酒不行」。《鹽鐵論》中記載：「今民間酒食，殽旅重疊，
燔炙滿案，臑鱉膾腥，麑（ní）卵鶉鷃，橙枸鮐鱧，醓醢，眾物雜味。」「今賓昏酒
食，接連相因，析酲什半，棄事相隨，慮無乏日。」

❹·娛樂與飲食融為一體

漢代人飲食習慣中繼承了先秦鐘鳴鼎食、以樂侑食的風尚。貴族們將娛樂與飲
食結合起來。

在今河南南陽地區保留和出土的大量漢代畫像石中，我們還能看到有「舞樂宴
食」的熱鬧宴飲場面。有的大口吞噬肥鴨、燒魚和烤肉串，有的在玩投壺、六博等
遊戲，有的則邊吃邊全神貫注地觀看樂舞表演。《藝文類聚》七四引古詩云：「上金
殿者，玉樽延貴客，入門黃金堂。東廚具肴膳，椎牛烹豬羊。主人前進酒，琴瑟為
清商。投壺對彈棋，博弈並復行。」人們在宴飲時觥籌交錯，絲竹並呈。

其中「投壺」是漢代較為興盛的宴飲遊戲，宴會主人設置這種遊戲，既可使來
客多喝些酒，表示了自己的盛情，又能增添宴會的歡樂氣氛。在河南南陽臥龍崗的
漢畫館內，陳列著一幅投壺石刻畫，畫面的中間立著一壺，壺裡插著已投進去的兩
枝「矢」。壺的左側是一隻三隻足的酒樽，樽上擱置一把勺，供人舀酒用。畫上共

▲圖4-18 湖南長沙馬王堆漢墓帛畫宴飲圖局部

有五人。壺的左右各有一人跽（jì）坐（跪著坐），每人一手懷抱三根矢，另一手執一根矢，面向著壺準備投擲。畫面的右端一人跽坐，雙手拱抱，似是退居一旁的旁觀者，又像是侍僕。畫西左端一彪形大漢席地而坐，他應是主人，那一副醉漢的模樣，顯然是投壺場上的敗將，又多次被罰，飲酒過量而不能自持，需人攙扶。

二、荊楚歲時節令食俗

秦漢時期，我國的主要節日已經基本形成，除夕、元旦、人日、元宵、上巳、寒食、端午、七夕、重陽等已經成為當時社會的習俗。一些歷史人物如屈原、介子推、伍子胥已成為某些節日紀念的對象為後代所繼承。一些風俗上升為禮俗，甚至成為國家的重要祭典，進一步擴大了節日的影響。魏晉南北朝時期，傳統節日文化得到了新發展，增進了一些新的內容。如登高、曲水流觴、高談飲酒等。此外，宗教對節日也產生了重要影響。例如道教提供陰陽信仰：奇數為陽，象徵光明、有力、興旺；節日中多取月日複數為吉利的象徵，如正月一、三月三、五月五、七月七、九月九。又如佛教對節日的重要影響，中元節的盂蘭盆會，是紀念大目犍連（略稱「目連」）救母的節日；十二月初八吃臘八粥，本是紀念釋迦牟尼成道之日，所以稱「成道節」。

節日的飲食往往代表了當時當地的飲食水平和飲食特色，因此它的食俗表現十分豐富。隨著節日的來臨，生活的常規被打破了，人們總是竭盡智慧，改進食品製作花樣，豐富節日生活，給各種食品賦予不同的含義和象徵。

梁朝宗懍所著《荊楚歲時記》（以下簡稱《歲時記》）全面地反映了當時長江中游地區人們的歲時節令飲食風貌。[1]

1　宗懍、習鑿齒著，譚麟 譯註，舒焚、張林川 校註：《荊楚歲時記譯註 襄陽耆舊記校注》，湖北人民出版社，1999年。

▶圖4-19 南朝宗懍《荊楚歲時記》（上海中華書局據漢魏叢書本校刊）

❶·春節

　　春節：當時農曆正月初一為元日，是一年中的第一天，有的也稱「元月」「元辰」「端日」。漢武帝太初元年實行「太初曆」，規定以孟春正月為歲首，即農曆正月初一為元旦。從此，歷朝歷代皆以農曆正月初一為元旦，直到清王朝滅亡，民國政府採用陽曆（公曆）紀年，規定陽曆一月一日為「元旦」，農曆正月初一改稱「春節」。《湖南通志》云：「正月一日是三元之日也。」《歲時記》云：「於是長幼悉正衣冠，以次拜賀。進椒柏酒，飲桃湯。進屠蘇酒，膠牙餳。下五辛盤，進敷於散，服卻鬼丸，各進一雞子。凡飲酒次第，從小起。梁有天下，不食葷，荊自此不復食雞子，以從常則。」文中的「椒柏酒」是指椒酒和柏酒。最早的屠蘇酒是預防瘟疫的一種中藥配劑，在元旦取浸過屠蘇藥劑的井水飲用。晉人葛洪曾用細辛、乾薑等炮製屠蘇酒，還演化為用一些中藥來炮製酒，以起治病、防病的作用。「膠牙餳」是一種飴糖。「五辛盤」是盛五種辛味蔬菜之盤。「五辛」：《本草》指蔥、蒜、韭、蓼蒿、薺。吃五辛盤也是為了健身，在元旦時，人們將這五種辛香之物拼在一起吃，意在散發五臟之氣。吃五辛盤反映了長江流域的先民把新年對健康的追求，寄託在元旦這一天。另外「梁有天下不食葷」之俗：據《南史·梁本紀》載，梁武帝蕭衍即位後，「晚乃溺信佛道，日止一食，膳無鮮腴，惟豆羹糲飯而已」。並曾著四篇《斷酒肉文》，提倡禁食酒肉。《歲時記》

云，元旦這一天，「今北人亦如此熬麻子大豆，兼糖散之。按《煉化篇》云：『正月旦，吞雞子、赤豆各七枚，辟瘟氣。』又《肘後方》云：『旦及七日吞麻子、小豆各十七枚，消疾疫。』《張仲景方》云：『歲有惡氣中人，不幸便死。取大豆十七枚，雞子、白麻子，並酒穀之。』然麻豆之設，當起於此梁有天下，不食葷菜。荊自此不復雞子，以從常則。」

人日：即人節、人勝節、人慶、七元等。傳說：女媧初創世，在造出了雞狗豬牛馬等動物後，於第七天造出了人，所以這一天是人類的生日。漢朝開始有人日節俗，魏晉後開始重視。古代人日有戴「人勝」的習俗，人勝是一種頭飾，又叫彩勝、華勝，從晉朝開始有剪綵為花、剪綵為人，或鏤金箔為人來貼屏風，也戴在頭髮上。此外還有登高賦詩的習俗。《歲時記》：「正月七日為人日，以七種菜為羹，煎彩為人，或鏤金箔為人，以貼屏風，赤戴之頭鬢。又造華勝以相遺，登高賦詩。」

正月十五：又稱元宵節、上元節、元夕節、燈節。該日為滿月，即「望日」，象徵團圓、美滿，古人認為正月十五是最吉利的日子，進行祭天，合家團圓，祈求豐年。《歲時記》：「正月十五日，作豆糜，加油膏其上，以祠門戶。按：今州里風俗，是日祠門戶，其法先以楊枝插於左右門上，隨楊枝所指，乃以酒脯飲食及豆粥，糕糜插箸而祭之。……今世人正月十五日作粥禱之，加以肉覆其上，登屋食之，咒曰：『登高糜，挾鼠腦，欲來不來，待我之蠶老。』」「其夕，迎紫姑，以卜將來蠶事，並占眾事。」

社日：《歲時記》：「社日，四鄰並結宗會社，宰牲牢，為屋於樹下。先祭神，然後享其胙。」「社日」乃祭社神（土地神）之日。《公羊傳‧莊公二十五年》：「鼓用牲於社。」何休《注》：「社者，土地之主也。」社日分春社、秋社。立春後第五戊日為春社，立秋後第五戊日為秋社。社日各宗族聚會於社樹下，設祭祀場所。殺豬宰羊祭祀土地爺，祭後參與祭祀的人分享祭祀所供食物。

寒食節：又稱冷節、禁煙節。《歲時記》：「去冬節一百五日，即有疾風甚雨，謂之寒食。禁火三日，造餳，大麥粥。寒食，挑菜。」因自冬至之後至清陽節共

126

一百零七日，而先兩日為寒食，故也稱之為「一百五」。

三月三：《歲時記》云：「三月三，四民並出江渚池沼間，臨清流，為流杯曲水之飲。是日，取黍麴菜汁作羹，以蜜和粉，謂之龍舌，以厭時氣。」三月三日為上巳節，人們在這一天都到河邊沐浴，舉行消定求吉儀式，稱《祓禊》（fú xì）。

❷ · 夏季

夏至節：《歲時記》云：「夏至節日，食粽。伏日，並作湯餅，名為『辟惡餅』。」在芒種後十五天為夏至，一般為今陽曆的六月二十一、二十二日。「粽」即粽子，後來改在陰曆五月五吃。五月五日又稱端午節、重午、端五、重五、端午、蒲午、蒲節、天中節、詩人節。

七月七：又稱七夕節、乞巧節、少女節、女節、女兒節、洗頭節、情人節、雙星節、雙七節等。《歲時記》云：「是夕，人家婦女結綵縷，穿七孔針，或以金、銀、鍮石為針，陳幾筵、酒、脯、瓜果、菜於庭中以乞巧。有喜子網於瓜上，則以為符應。」七夕節的來歷據《歲時記》中講：「七月七日，為牽牛、織女聚會之夜。傅玄《天問》云：『七月七日，牽牛、織女會天河。』此則其事也。張騫尋河源，所得楮機石示東方朔，朔曰：『此石是織女支機石，何於此？』為東方朔所識，並其證焉。」

❸ · 秋季

九月九：後又稱重陽節、重九、九日、茱萸節、菊花節。《歲時記》：「九月九日，四民並籍野飲宴。」人們紛紛到野外去登高、席地而坐，佩茱萸、食蓬餌（含有菜的糕類食品）、飲菊花酒。民間信仰認為九月九日為凶日，多災難，宜設法驅災。插茱萸就是一種。茱萸香味濃郁，可以驅蟲去濕，逐風邪、治寒熱，消除積食，是一種常見的中草藥。

十月朔日：朔日為陰曆每月初一。《歲時記》：「十月朔日，黍臛，俗謂之秦歲首。未詳黍臛之義。今北人此日設麻羹、豆飯，當為其始熟，嘗新耳。《禰衡別傳》

云，『十月朝，黃祖在艨艟（méngchōng）上會設黍臛』是也。又，天氣和暖似春，故曰『小春』。」每年十月初一，氣候舒適，人們設麻羹，煮豆飯嘗新。

❹ · 冬季

仲冬：十一月採擷各種蔬菜曬乾製成醃酸菜。《歲時記》云：「仲冬之月，採擷霜蕪菁、葵等雜菜乾之，並為鹹菹。有得其和者，並作金釵色。今南人作鹹菹，以糯米熬搗為米，並研胡麻汁和釀之，石窄令熟，菹既甜脆，汁亦酸美，呼其莖為金釵股，醒酒所宜也。」「仲冬」即陰曆十一月，「蕪菁」即蔓菁，「葵」也叫滑菜。李時珍《本草綱目・葵》中講：「今人呼為滑菜，言其性也，古者葵為五菜之主，今已不復食矣。」「菹」即酸菜，醃菜，「金釵色」形如釵，色如金。「胡麻」即油麻，自大宛得。「釀」是使之發酵。「石窄」此也是說用石頭壓。

冬至、臘八、祭灶神：《歲時記》云：「冬至日，量日影，作赤豆粥以禳疫，（十二月八日）其日，並以豚酒祭灶神。按《禮器》云：『灶者，老婦之祭也，尊於瓶，盛於盆。』言以瓶為樽，盆盛饌也。漢宣帝時，陰子方者，至孝，有仁恩。嘗臘日辰炊，而灶神形見，子方再拜受慶。家有黃犬，因以祭之，謂為黃羊。陰氏世蒙其福。」臘八節：陰曆十二月八日為臘八節，又名成道節，起源於祭祀祖先。《風俗通・祀典》：「臘者獵也，言田獵取獸以祭祀其先祖也。」自從佛教傳入後，臘八才佛教化。由於佛教徒以「佛粥」施齋，民間也在這一天以果子雜料煮粥而食，謂之「臘八粥」。祭灶神：從文化史上看，先有火後有灶，反映在宗教信仰上，也是先有火神後有灶神。楚人的先祖祝融便是火官，被奉為火神，後世祀以為灶神。

宿歲：後又稱除夕、年三十、除夜、歲除。年夜飯是一年當中最為隆重和重要的家庭聚餐。《歲時記》：「歲暮，家家具肴蔌，詣宿歲之位，以迎新年。相聚酣飲。留宿歲飯，至新年十二日，則棄之街衢，以為去故納新也。孔子所以預於蠟賓，一歲之中，盛於此節。」年夜飯俗稱「合家歡」「全家福」，與平時吃飯大不相同，一是必須全家團聚，二是菜餚豐富多彩，即使是貧困之戶，也會竭盡所能弄一餐相對豐富的年飯。

總之，節令歲時飲食重在體現嘗新、健體、融情幾個方面，中國人就這樣在享受大自然的同時，養性健身，祈福未來，將一種民族的人文景觀演繹得多姿多色、盡善盡美。[1]《荊楚歲時記》所反映出的荊楚節令食俗具有季節性強、強健身體、怡悅親情等文化特徵。

荊楚節令飲食具有較強的季節性。長江中游地區四季分明，與這種氣候地理環境相適應，形成了有特色的節令飲食風俗。春夏秋冬各有所食。如春日的元宵，百日的粽，秋日的菊花酒，冬日的粥等。

強健身體。歲時飲食有明顯的食療作用，《荊楚歲時記》說大年初一要「進椒柏酒，飲桃湯；進屠蘇酒、膠牙餳，下五辛盤」，這些飲食，多以食療養身為目的。如孫思邈《食忌》說，正月食五辛可避癘氣。

怡悅親情。節日飲食活動一般是以家庭為單位，顯示出團圓和睦的氣氛。一家人團聚守歲到天明，「長幼悉正衣冠，以次拜賀」，然後是享用各種節日食飲，於其中融入了濃濃的親情。

三、食療養生理論的初步形成

長江中游地區先民的飲食生活中充滿了食療養生的智慧，在這一時期，已經明確地掌握了有益健康的飲食原則。

❶·長沙馬王堆漢墓出土的醫學養生著作中的食療養生思想

一九七三年十二月，在湖南長沙馬王堆三號漢墓出土了一批帛、簡書，其中有不少是醫學和養生學著作。這批出土古醫學養生書共約兩萬餘字，依據內容可分為十多類。其中《養生方》《五十二病方》和《雜療方》中有許多用食物治療疾病的藥方，其主要補益思想和服食方法是治中益氣，健力強身，補療兼施，以養腎精。

1　王仁湘：《往古的滋味——中國飲食的歷史與文化》，山東畫報出版社，2006年。

這些文獻反映了當時人們對飲食與健康關係的認識水平。

《養生方》記載了33種疾病的90餘個養生方，其中有食療、食養方，有內治方，有外用外治方。主要部分是房中養生方，即通過藥物的攝養或治療，以消除某些性功能障礙的方法，也有少量房中導引養生理論的內容附於全卷之末。如《養生方》中用牛肉和萆薢（bìxiè）相煮，或用蝸牛漬汗製成犬脯，治療虛損。也有用食物治療一些傷病，如《五十二病方》中用三年雄雞與兔頭熬湯，或熬鹿肉湯，或熬野豬肉湯，服食治療蛇咬傷。飲用葵湯，或用醋混合生雞蛋飲下，治療小便癃閉。《雜療方》中有服用柰、蘭、菱等食物的方法，以預防「蟲射」（血吸蟲）。

食療著作注重食物對人體可能造成的不良影響。如《五十二病方》認為痔瘡期間應「毋食彘肉、鮮魚」等等。《卻穀食氣》為氣功文獻，記載的是古代一種以卻穀休糧結合呼吸吐納的氣功養生祛病方法，這是目前可以見到的最早的卻穀食氣的文獻。

❷ · 張仲景醫學養生著作中的食療養生思想

東漢末年著名醫學家張仲景曾在長沙為官，常坐堂行醫，他認為看出食物與疾病有著十分密切的關係，指出：「凡飲食滋味以養其生，食之有妨，反能為害。」張仲景總結了一些食療的方法，並著有《傷寒雜病論》《金匱要略》等。他認為通過調節飲食可以預防疾病，主張飲食有節，飲食方法必須因人、因地、因時選擇。《傷寒雜病論》提出了系統的飲食養生學思想。有專家對此問題進行了系統研究。[1]縱觀張仲景的食療養生觀，可大致總結出如下特點。

第一，天人相應的整體觀。在人與自然的關係問題上，張仲景以《內經》天人相應的整體觀作為指導思想，並且作了進一步的闡發，他曾在《傷寒論·自序》中指出：「夫天布五行，以運萬類；人稟五常，以有五臟。」在《金匱要略方論·臟腑

1　陳美惠：《張仲景養生思想與養生方法研究》，北京中醫藥大學博士論文，2002年，第1-90頁；趙鯤鵬：《略論仲景著作中的飲食養生思想與方法》，甘肅省中醫藥學會2009年學術研討會論文專輯，2009年10月，第214-217頁。

經絡先後病脈證第一》中亦曰：「夫人稟五常，因風氣而生長。風氣雖能生萬物，亦能害萬物，如水能浮舟，亦能覆舟。」這些觀點旨在說明，人類生活在自然界並作為自然界的組成部分，只有順應自然界氣候的發展變化，才能得以生存，保持健康。注意進食時間，有些食物在特定的時間內服用，於身體有益；如果不在適宜的時間內進食，則對身體有害。如《金匱要略》中說：「春不食肝，夏不食心，秋不食肺，冬不食腎，四季不食脾」。

第二，重視保津液以防病抗病。張仲景認為津液具有固護機體、防禦病邪的功能。津液充則陽明固，邪不可干；津液亡則陽明虛，邪氣便可輕易陷入。津液抗病作用及津液抗病思想在《傷寒論》中有充分反映。人們要想不得病或少得病，必須重視保護體內的津液。人若津液不充，則筋枯髓減，皮槁毛脆，臟腑虛弱，極易為病邪所害。

第三，重視用飲食防病療疾。張仲景在《傷寒論》112方中，一共使用具有食療作用的食品17種，計有大棗、生薑、乾薑、香豉、粳米、蔥白、蜂蜜、赤小豆、豬膽汁、蜀椒、烏梅、豬膚、雞子黃、雞子（去黃）、飴糖、苦酒、清酒。這些食品遍及81個方劑，占全書方劑總數的72.32％。其中還有不少純以食品名的方劑，如十棗湯，豬膚湯等6方；加上藥食合名的方劑，如乾薑附子湯，共24方，占全書的21.43％。張仲景的食療思想已成為其學術體系的重要組成部分。

第四，強調保胃氣。張仲景認為，機體的功能是否健全與胃氣的充沛與否有著十分密切的關係。這是因為機體所需的營養物質有賴於胃氣的化生，治療疾病的藥物也需中焦受氣取汁以發揮療效。為此，他不僅重視脾胃陽氣的一面，也注意到了脾胃陰液的一面。《傷寒論》六經病症的治療包括祛邪與扶正兩方面，在具體運用上包括汗、吐、下、和、溫、清、消、補八法。仲景於八法中，均不忘「保胃氣」，如汗法的「桂枝湯」，用草、棗調補中焦，保護胃氣。下法的「調胃承氣湯」，用甘草緩急和中。補法的「炙甘草湯」，以甘草、大棗補益脾胃等。在服藥方法上他亦強調「保胃氣」。如他主張服藥時宜喝點粥，因為粥有內充穀氣的作用，既可助胃氣以扶正，又可助藥力以祛邪。張仲景繼承並發展了《內經》「病熱少愈，食肉則

復，多食則遺，此其禁也」的理論，注重疾病時期的調理。如他立專篇討論瘥後勞復的問題，指出病癒時「脾胃氣尚弱」，尤需「保胃氣」。

第五，注重增強機體免疫力。《傷寒論》中所用藥物非常廣泛，以《傷寒論》所用112方與93味藥來看，有扶正祛邪免疫作用的人參、黃耆、白朮、云苓、當歸、甘草、大棗等藥物的條文不下上百條。在其所載扶正祛邪藥物中，多有增強免疫機能、調理臟腑、補養氣血的作用。

第六，注重食物選配。《金匱要略》專門設有「禽獸魚蟲禁忌並治」「果實菜穀禁忌並治」兩卷，說明了飲食的禁忌和食物的搭配。書中還有注意食量的記載，不可太過，亦不可不及。即使對生命有益的飲食，多食亦為害。如「桃子多食，人熱；」「梅多食，壞人齒」等。

第五章
隋唐宋元時期的
茶文化及士大夫文化

隋唐宋元時期約八百年，長江中游地區的農業獲得了長足的發展，從而推動了飲食文化的發展，主要體現在：茶文化的形成與士大夫飲食文化的興起。

第一節　農業的發展與農副產品的加工

一、土地墾殖與農具的改進

❶·土地墾殖

從唐五代到宋元，長江中游地區的土地墾殖，範圍不斷擴大，面積日益增加，墾闢的地點逐步向縱深發展，主要包括丘陵山地的墾殖和河湖水澤地區洲渚的開闢兩個方面。[1]

丘陵山地多採用撂荒制的耕作方法，即火耕山地、陸種畬田的形式。唐人王建在《荊門行》中描述了湖北地區人們燒荒墾田時的情景：「犬聲撲撲寒溪煙，人家燒竹種山田。」詩人元稹在《元氏長慶集》中描寫三峽為「田仰畬刀少用牛」，「田疇付火罷耘鋤」。在湖南地區亦是同樣的場景，詩人劉禹錫在他的《莫猺歌》中稱郎州：「星居占泉眼，火種開山脊。」又有《竹枝詞》寫道：「山上層層桃李花，雲間煙火是人家。銀釧金釵來負水，長刀短笠去燒畬。」大詩人白居易在《白氏長慶集》中還寫到了江西江州的景象「灰種畬田粟」，「春畬煙勃勃」。綜上所述不難發現，唐代火耕畬田是長江中游地區丘陵山地的主要耕作形式，主要分布在丘陵淺山，有的甚至是險谷山，種植的主要是麥、豆、粟等旱糧，基本上屬於一種撂荒農作制。

宋代，可種稻穀的墾種梯田更加廣泛。《誠齋集》載：南宋淳熙五年（西元

1　牟發松：《唐代長江中游的經濟與社會》，武漢大學出版社，1989年，第48-55頁。

1178年），詩人楊萬里經過永豐（今江西廣豐縣），見山間耕地如帶，層層而上，賦詩並序：「過石磨嶺，嶺皆創為田，直至其頂。」詩曰：「翠帶千環束翠巒，青梯萬級搭青天。長淮見說田生棘，此地都將嶺作田。」范成大在《石湖詩集》的游仰山詩寫道：「堵田溪淵清洄洄，梅洲問路寒雲堆。連空磴道蚓尾滑，竹輿直上無梯階。……茲事且置飽吃飯，梯田米賤如黃埃。」山中人口少而梯田多，因而糧多，所以米價低廉。

入唐以後對河湖洲渚的開發成為長江中游地區土地墾殖的一個重要內容。《太平寰宇記》載，唐宋之際荊州「人俗多居江津諸洲」，《唐會要》中稱：「（貞元）八年三月，嗣曹王皋為荊南節度使觀察。先是，江陵東北七十里，廢田旁漢古堤，壞決凡二處，每夏則為浸溢。皋命塞之，廣良田五千頃，畝收一鐘。又規江南廢洲為廬舍，架江為二橋，流入自占者二千餘戶。」這是唐代長江中游地區洲渚開發的典型。李皋修塞古堤，化廢田為良沃，又開拓廢洲為田廬，吸引當地居民和大批外地流民前來墾闢。在湖南的洞庭湖畔到湘江流域的河洲湖渚上，處處可見橘林與農田。《全唐詩‧湘口送友人》記述了詩人李頻乘舟出湘口，但見江邊良田連疇，故詠出「葦岸無窮接楚田」之句。詩人張九齡有詩《初入湘中有喜》，描述了湘江沿線「兩邊楓作岸，數處橘為洲」的景象使他喜悅不已。後來他南歸過湘江另賦詩《南還湘水言懷》，詩人又見「江間稻正熟，林裡桂初榮」。鄉間的繁盛令詩人感嘆不已。我們從這些詩文中可以見到當時的長江中游地區，農家積極墾殖，出現了良田千頃的景象。

❷‧生產工具的改進與農業經營方式的不平衡

唐宋時期，農業生產工具得到了進一步的改進，出現了冶鐵技術和鐵製工具的又一次變革。如灌鋼法、百煉鋼法等的廣泛使用，鐵犁的進一步改進，鐵刃農具的創製和推廣等。特別是鐵產量的激增，使這次變革具有了更加堅實的基礎。

在農具改進中，最具代表意義的是牛耕的普及和曲轅犁的廣泛使用。《新唐書‧張廷珪傳》記載：「民所恃在食，食所資在耕，耕所資在牛，牛廢則耕廢。耕廢則

食去，食去則民亡，民亡則何恃為君？」流行於唐宋南方的曲轅犁以江東犁為代表。晚唐陸龜蒙所著《耒耜經》中即詳細敘述了「江東犁」各部件的形式和功用，又據今人研究，這種江東犁結構完善，單牛牽引，輕便省力，犁轅短而彎曲，犁評可用來調節犁箭入土深淺。除此之外，與稻田耕作相配套的畜力農具還有耙、礰（lì）、碌碡，特別是宋元時期「秒」的出現，使中國封建時代水田農具系統已臻完善。這套適應南方稻作的耕具系統使翻耕整地的過程加快，質量提高，大大提高了勞動生產的效率。

水利排灌工具的進步為水稻種植面積的擴大提供了有力的保障。隨著唐宋耕地面積由平原陂澤而「高山絕壑」的擴大，各種形式的水車應運而生。其中以「龍骨車」最具實用價值。斜臥式的江南龍骨水車具有隨宜安設，移動方便，能排能灌，效率高等優點，很適合長江中游亦旱亦澇的地理環境。

就農作制而言，從總體上看，漢代及漢以前的長江中游地區稻作基本上屬於以火耕水耨為特徵的摺荒制，六朝時期乃以連種製為主，至遲在中唐以後南方稻作開始進入（主要是稻麥的）輪作複種階段。

農業生產的發展各地是不平衡的。農業經營方式在宋代大致分為三種類型，即「刀耕火種」式的原始經營，廣種薄收式的粗放經營和精耕細作式的集約經營。

採用「刀耕火種」原始經營方式的，多是在自然條件較差的地區、少數民族或漢族與少數民族雜居的地區，即一些山區和半山區，這只是一種殘存形態。如湘江資州以西、湘江以西的上下梅山等地。

荊湖北路的農業屬於廣種薄收、粗放經營的地區。任官於荊門軍的著名哲學家陸九淵，曾將荊湖北路的農業生產與江南東西路進行了比較：「江東西無曠土，此間（指荊門軍一帶）曠土甚多。江東西田分早晚，早田者種占早禾，晚田種晚大禾：此間田不分早晚，但分水陸。陸田者只種麥豆麻粟，或蒔蔬栽桑，不複種禾，水田乃種禾」。[1]

1　陸九淵：《象山先生文集》卷一六《與章德茂第三書》，上海書店，1989年。

江南西路、荊湖南路較多採用了精耕細作式的集約經營方式。陸九淵所描述的他的家鄉撫州金溪地區就是如此。「吾家治田，每用長大钁頭」，深翻地二尺許，並有一尺的間隔，「方容秧一頭」，「久旱時，田肉深，獨得不旱」；結果產量很高，「每一畝所收，比他處一畝不啻數倍」。「每穗少者尚百二十粒，多至二百餘粒，而其他地區所產每穗不過三五十粒，多不過八九十粒。」[1]

二、糧食品種的優化與產量的空前增加

水稻是長江中游地區最重要的糧食作物，農民在長期的生產實踐中，選擇和培育了適宜本地氣候、土壤、水分等條件的許多品種。北宋哲宗時期，江西泰和人曾安止著了《禾譜》一書，記錄了西昌（今泰和）、吉安一帶的水稻品種。他指出「其別凡數十種」。在《禾譜》「譜表」中列出的有44種，即：早禾粳品十二、早禾糯品十、晚禾粳品八、晚禾糯品十二、附早品二、附晚品二，《禾譜》「三辯」中還記有6個品種：白園禾、黃穆禾、穬（kuàng）禾、早占禾、晚占禾、再生禾（女禾）。[2]

現存《禾譜》一書，僅是泰和縣《匡原曾氏重修族譜》中摘錄的一部分，並不是《禾譜》全書，就已載有50個水稻品種之多，由此可見江西泰和地區的稻種非常豐富，水稻生產十分發達。

除水稻之外，長江中游地區的麥粟等旱作也有較大進步。唐代南方麥作的增多可能與稻麥複種的逐漸推廣有關。特別是在江西一些基本是水田的地區，麥作的發展也很顯著，如《全唐文》中載元和年間（西元806-820年）韋丹觀察洪州時曾因江饒等地澇旱損田，於是修造陂堰，大力勸種麥粟。《太平廣記》亦記有江西洪州有以大麥麵充飯的。洪州地區一家姓胡的農民曾命其子「主船載麥，溯流詣州市」。宋代梯田的廣泛墾種，使旱地相應增多。「唐宋八大家」之一的曾鞏描述分寧（今

1　陸九淵：《象山先生文集》卷三四《語錄上》，上海書店，1989年。

2　轉引自許懷林：《江西史稿》，江西高校出版社，1993年，第273-274頁。

江西修水）的情況是：「其人修農桑之務，率數口之家，留一人守舍行鐌，其外盡在田。田高下磽腴（qiāoyú，土地堅硬瘠薄、肥沃），隨所宜雜殖五穀，無廢壤，女婦蠶杼無懈。」[1]隨著北方人南遷增多，小麥種植地區更加擴大。南宋紹興初年，麥價上漲，一時間，出現江南農村麥田「極目不減淮北」（莊綽：《雞肋編》上）的興旺景象。陸游在撫州金溪縣看到「林薄打麥惟聞聲」（《陸游集・小憩前平院戲書觸目》），「小麥登場雨熟梅」（《陸游集・遣興》）。麥子種植雖不及水稻那樣普遍，卻已是農民口糧中的一部分了。

技術的改進，土地的開發，複種農作制的實行，加之對農田的精耕細作，使糧食單產和總產都有大幅度的提高。

前述唐代李皋在江陵東北廣開良田，「畝收一鐘」。江西餘干亦有「畝鐘之地」[2]。一鐘為六石四斗，將唐代量制換算為今制，合一市畝662市斤。即使本區糧食平均產量只達到「畝鐘」之半即三斛左右，也比唐代全國糧食平均畝產一石半高出一倍。稻作生產率的提高使唐代長江中游地區的糧食產量空前增加，至遲在中唐以後，長江中游地區尤其是江西、湖南開始成為全國最著名的糧食產區之一了。

早在六朝時期該地區的糧食生產優勢就比較突出。東晉朱序北伐翟遼，曾表求運江州米十萬斛「以資軍費」。南朝除建康太倉之外，地方大倉有三，錢塘倉在浙江，江西居其二，即豫章倉、釣磯倉，《隋書・食貨志》中稱「並是大貯備之處」。湖南湘州、零陵在兩晉時就有盛產糧食之名。隋煬帝多居江都，其糧食消費多依賴「上江米船」，即主要來自長江中游的糧食。中唐以後，長江中游地區水稻生產在全國一直領先。元和初年江淮大旱，《全唐文》中稱憲宗「遇江淮飢歉，三度恩赦，賑貸百姓觔斗，多至一百萬石，少至七十萬石。本道飢儉無米，皆賜江西、湖南等道米。江淮諸道百姓，差使於江西湖南般運」。江西、湖南在幾年之內，有能力以二三百萬石的巨額稻米支援旱災嚴重的長江下游，足以表現它作為

1　曾鞏：《元豐類稿》卷十七《分寧縣雲峰院記》，商務印書館，1937年。

2　劉禹錫：《答饒州元使君書》，《全唐文》卷三一四，山西教育出版社，2002年。

全國第一流糧食基地的形象。這一地位歷經唐宋元明清幾個朝代未曾動搖，以至明清時期有諺曰：「湖廣熟，天下足。」唐太和三年（西元829年）御史台奏文云：「江西湖南，地稱沃壤，所出常倍他州。」[1]乾符二年（西元875年）僖宗《南效赦文》也說：「湖南江西管內諸郡，出米至多，豐熟之時，價亦極賤。」[2]湖北尤其是荊襄鄧地區的糧食生產也有一定發展。《舊唐書》載，唐貞觀年間（西元627-649年）襄鄧地區就以糧儲豐厚著稱，曾在太宗、高宗時兩次接納來自關輔六州及河東河南等地的逐食飢民，其「回還之日」還使「各有贏糧」。

宋代長江中游地區的糧食生產又上新台階。北宋定都汴梁，倚重兵立國，兵恃糧，糧賴漕運。「先是，諸河漕數歲久益增，景德四年，定歲額六百萬石」[3]的糧食供應，主要來源於東南六路。沈括在神宗熙寧八年至十年（西元1075-1077年）間為三司使，主管朝廷財政。他記錄當時漕運數量是：「發運司歲供京師米以六百石為額：淮南一百三十萬石，江南東路九十九萬一千一百石，江南西路一百二十萬八千九百石，荊湖南路六十五萬石，荊湖北路三十五萬石，兩浙路一百五十萬石。通余羨歲入六百二十萬石。」[4]

元代長江中游地區的糧食生產在全國居於十分重要的地位。據《元史·食貨志》記載，元代每年從全國各地徵糧達到12114708石，其中河南行省2591269石，江西行省1157448石，湖廣行省843787石，三地合計約占全國徵糧數目的37.9%。河南行省計有12路、7府、35州、182縣，其中屬於湖北地區的有5路、3府、4州、41縣，而且襄宜、江漢平原是河南行省乃至全國的重要糧食產區。而湖廣行省的糧食大多出自湖北湖南地區。

1　董誥等：《全唐文》卷九六六，山西教育出版社，2002年。

2　董誥等：《全唐文》卷八九，山西教育出版社，2002年。

3　脫脫等：《宋史·食貨志》，中華書局，1975年。

4　沈括：《夢溪筆談》卷十二，上海出版公司，1956年。

三、果蔬、水產及食品加工業的發展

❶ ‧ 果蔬生產

長江中游地區生產的水果以柑橘最為著名。楚人屈原的《橘頌》和《史記》「江陵千樹橘」的記載，足見該地區柑橘種植歷史悠久。唐代時有湖北荊、峽、襄，湖南澧、朗和江西洪、撫等七個州貢柑橘（橙），從中可以看出柑橘生產在本區作物種植中的地位。

其中，以湖北荊州的柑橘最負盛名。唐玄宗曾將荊州所進柑子包以素羅賜贈宰臣，又將江陵所進乳柑橘植於宮苑，十餘年後居然開花結果，一時傳為佳話。不少詩人賦詩讚美荊州柑橘，如《全唐詩》中記杜甫《峽隘》詩：「白魚如切玉，朱橘不論錢。」稱其種植廣而出產多。元稹《貶江陵途中寄樂天》詩：「想到江陵無一事，酒杯書卷綴新文。紫芽嫩茗和枝采，朱橘香苞數瓣分。」稱其味美。荊州的柑橘多得形成了集貿市場，元稹稱荊州「衰楊古郡濠，魚蝦集橘市」。《太平廣記》卷四一五《崔導》條：「唐荊南有富人崔導者，家貧乏，偶種橘約千餘株，每歲大獲其利。」崔導的柑橘生產顯然是以市場為目的的，反映當地有不少人經營橘園而致富。

湖南的柑橘種植也相當廣泛。《吳書》引《襄陽記》中稱，三國初，吳李衡曾「密遣家客於武陵新陽洲上作宅，種柑千樹，……吳末，李衡甘橘成，歲得絹數千匹，家道殷足。」李衡稱其橘林為「千頭木奴」。到唐代時，李衡的木奴洲已因人煙密集蔚為村墟。劉禹錫《武陵書懷五十韻（並序）》曰：「沈約台榭故，李衡墟落存。」又稱「星懸橘柚村」。《晚歲登武陵城顧望水陸悵然有作》曰：「清風稍改葉，盧橘始含葩。」可見當地種橘之風彌盛。隨著唐代長江中游地區河洲湖渚的大量開墾，從洞庭湖畔到湘水之濱，橘洲鱗次櫛比。張九齡《初入湘中有喜》詩云：「兩邊楓作岸，數處橘為洲。」到宋代，湖南柑橘生產進一步發展。湖南武陵柑橘與江西臨汝、浙江東嘉、太末柑橘被稱為四大名橘。據趙蕃稱：「柑橘三聚，皆東嘉、

太末、臨汝、武陵所徙」。[1]

　　江西柑橘栽培歷史十分悠久，東漢至魏晉南北朝都可見到有關柑橘生長、種植的記載。唐宋之時，柑橘生產發展迅速。洪州、撫州、臨江軍、吉州、贛州、南安軍等地的柑橘生產，已有相當優勢，在士大夫的詩文中經常有反映。吉州金桔曾名動京城。歐陽修說：「金桔香清味美，置之罇俎間，光彩灼爍，如金彈丸，誠珍果也。都人初亦不甚貴，其後因溫成皇后尤好食之，由是價重京師。余世家江西，見吉州人甚惜此果，其欲久留者，則於綠豆中藏之，可經時不變，云橘性熱而豆性涼，故能久也。」[2]宋高宗晚年，問同坐飲宴的廬陵人周必大家鄉有何鮮果品時，周必大講：「金柑玉版筍，銀杏水晶蔥」。[3]

　　江西撫州在唐代的土貢中就有朱橘，到宋代仍以朱橘充貢。撫州南豐縣也是柑橘產地。歐陽修家裡種有橙子樹，並作《橙子》詩一首，介紹橙子不同一般的特色。詩云：「翠羽流蘇出天仗，黃金戲毬相蕩摩。入包豈數橘柚賤，苞鼎始足鹽梅和。」宋代南昌的東湖地區柑橘仍很多。李覯（gòu）《東湖》詩云：「水仙座下魚鱗赤，龍女門面橘樹香。」豐城的柑橘，在五代南唐時便很著名。《江淮異人錄》載撫州刺史危全諷對人講：「豐城橘美，頗思之」。

　　長江中游地區果品生產除柑橘外，還有一些名品。如荊州的柿，郢州的棗，荊、洪、虔三州的梅及其製品梅煎、蜜梅，山南枇杷等都是貢品。

　　唐宋專業經營菜園的很多。唐有關法律如《唐律疏儀》中對菜園、果園的土地所有權還有特別保護的條款。儘管一般農戶吃菜並不依賴市場，但菜蔬卻是城鎮居民的生活必需品，因此菜園一般集中在城郊即所謂「附郭之地」。白居易貶居江州時常到江邊早市買菜，《放魚》詩曰：「曉日提竹籃，家僮買春蔬，青青芹蕨下，疊臥雙白魚。」[4]江西某驛官專門設有「菜庫」，《太平廣記·雜錄》錄自唐李肇《國史

1　趙蕃：《淳熙稿》卷十六《從莫萬安覓柑子並以玉山沙藥合寄之》，中華書局，1985年。

2　歐陽修：《歐陽文忠全集》卷一二七《歸田錄卷二》，中華書局，1936年。

3　羅大經：《鶴林玉露》卷五《肴核對答》，中華書局，1983年。

4　彭定求等：《全唐詩》卷四二四，上海古籍出版社，1986年。

補》曰：「江西驛官：又一室曰菹庫，諸茹畢備」。

❷‧以魚為主的水產生產

南方人工養魚的歷史可上溯至殷商。《史記》言西漢時楚越之地「水居千石魚陂」，意思是陂澤養魚，一歲收得千石魚。從戰國至隋，池塘養魚均以鯉魚為主。唐代因避諱帝姓「李」，嚴禁殺鯉售鯉，違者罰打六十大板。使得積累一千多年經驗的養鯉業被迫停頓下來，轉而試養其他魚類。如青、草、鰱、鱅等。可武則天竟下令禁漁，遭到臣民的反對與抵制。崔融曾上書反對，理由是「江南諸州，乃以魚為命；河西諸國，以肉為齋」。[1]崔融的形容並不過分，《資治通鑑》載，就在武則天下令禁漁的當年五月，史稱「江淮旱儉」，人民又不敢採捕魚蝦，以致餓殍遍野。當然，這種與千百萬人世代形成的飲食習慣作對的政策沒有也不可能長久地實行，後來武后也只好睜一隻眼閉一隻眼。

除人工養魚業的發展外，當時捕魚業也有所發展，出現了一些先進的捕魚工具和捕撈方法，並形成一些漁民和半漁半農之戶。唐代李肇《國史補》卷下稱：「洪鄂之水居頗多，與邑殆相半。」這些水居之民多數為漁民。周徭《送江州薛尚書》稱江州「鄉戶半漁翁」。中唐以後商業發達，城市人口倍增，促使漁業貿易的發展，形成野市、魚市。初期形成的魚市，是一種在船舶聚集的河埠湖岸邊進行漁產貿易的場所，正如劉禹錫在武陵之所見：「擁楫舟為市」。

到了宋代，唐代的禁食鯉魚令廢除，魚苗業、養魚業與捕撈業快速發展。鄱陽湖濱的江湖水域成為當時十分興盛的魚苗業集中地區。南宋詞人周密在《癸辛雜識》別集中記：「江州等處水濱產魚苗，地主至於夏，皆取之出售，以此為利。販子轇集，多至建昌，次至福建、衢、婺。」池塘養魚業也在發展，如洪邁《夷堅志》載贛州雩都縣曲陽鋪東廖少大「所居有兩塘，各廣袤二十畝，田疇素薄，只仰魚利以資生。……每歲獲直不下數百緡」。南郡縣，池塘養的魚肥大，超過江河中捕撈

1　董誥：《全唐文》卷二一九，山西教育出版社，2002年。

▶圖5-1　元代釉裡紅高足轉杯，江西高安出土

的魚：「郡無大魚，江中所得，極大不過一二斤，他皆池塘中豢養者耳。」

　　長江中游地區除了以魚為大宗的水產以外，還有蓮藕、菱芡等其他水產。另據史載，鄱陽縣有一個叫濱洲的地區，水面平淺可涉，貞觀年間始出蚌珠，百姓採取者甚多。[1]

❸·製糖、釀酒及其他食品加工

　　蔗糖。甘蔗製糖最早見於記載的是西元前三〇〇年的印度的《吠陀經》和中國的《楚辭》。屈原的《楚辭·招魂》中有這樣的詩句：「胹鱉炮羔，有柘漿些。」這裡的「柘」即是蔗，「柘漿」，即甘蔗漿。[2]西漢時，印度一帶已有製蔗糖技術，司馬彪《續漢書》：「天竺國出石蜜。」這種石蜜就是蔗糖，當初是西域進貢的珍品，只有皇帝、貴族才能享用。東漢時從古印度引進的這種團狀的粗製糖，很容易被打碎變成砂狀粉末，以形取名，故稱之為砂糖。[3]《古今圖書集成》載東漢張衡著的《七辨》中，有「沙飴石蜜」之句。這裡「沙飴」二字，是指製得的糖呈微小的晶體

1　樂史撰：《太平寰宇記》卷一〇七，中華書局，2000年。

2　季羨林：《中華蔗糖史》，經濟日報出版社，1997年，第97頁。

3　季羨林：《蔗糖的製造在中國始於何時》，《社會科學戰線》，1982年第3期，第144-147頁。

◀圖5-2　唐代春字詩執壺，湖南長沙出土（國家數字
文化網全國文化信息資源共享工程主站）

狀，可看作是砂糖的雛形。《太平御覽・飲食部》載張衡《七辨》曰：「砂糖石蜜，遠國貢儲。」《新唐書》載貞觀二十一年（西元647年），唐太宗派人去印度學習熬糖法。北宋王灼於一一三〇年間撰寫出中國第一部製糖專著《糖霜譜》。書中記述了中國製糖發展的歷史、甘蔗的種植方法、製糖的設備、工藝過程、糖霜性味、用途、糖業經濟等。據《糖霜譜》記載，白糖製法傳到南方已是唐大曆年間（西元766-779年）。蔗糖製作一經傳到南方，便在長江下游地區全面開展。[1]中唐以後長江中游地區的江西虔州、湖南永州貢蔗製冰糖，湖北雖無此貢，但據《舊唐書》卷十二載唐德宗即位之初曾下令襄州罷「貢種蔗蓢之工」，說明當時是有熬製蔗糖作坊的。據《糖霜譜》記述，當時單位面積的甘蔗熬成糖以後可「獲利十倍」，這大概是蔗糖製作迅速鋪開的原因。

　　釀酒。這一時期的長江中游地區的名酒和特色酒品種相當豐富，如郢州（今屬湖北地區）富水酒大約在唐玄宗時即開始揚名，並被引進宮內。據《唐六典》：「今內有郢州春酒，本因其州出美酒。初，張去奢為刺史，進其法，今則取郢州人為

1　牟發松：《唐代長江中游的經濟與社會》，武漢大學出版社，1989年，第163-165頁。

酒匠，以供御及時燕賜。」李肇《國史補》卷下列舉了全國的十一處名酒產地，其中郢州名列第一。李肇所列名酒產地中，長江中游地區還有宜城、潯陽。宜城酒自漢晉以來便馳名天下，被視為美酒的代表。唐人也對此津津樂道，讚譽之詞屢見詩篇。袁州（今江西宜春）宜春酒也頗有名氣，並列為貢酒。湖南所產的淥（lù）酒、酃（líng）酒、「洞庭春色」酒均很有名。[1]

《晉書·武帝紀》中講「薦酃（líng）淥酒於太廟」，《湖南方物誌》亦述「酃即今衡州府酃縣所出之酒，淥則今長沙府醴陵縣所出之酒也。」酃縣之酒極甘美，《湖南方物誌》中記其作酒之法是：「以九月中，取秫米一石六斗炊作飯，以水一石，宿漬麴七斤。炊飯令冷，投麴汁中。覆甕多用荷箬，令酒香，燥復易之」。

元代長江中游有：「九醞酒」「竹葉春」「江漢白」等名酒。《元好問全集·新樂府五·鷓鴣天》云：「還家剩買宜城酒，醉盡梅花不要醒。」所謂九醞，是指為了提升酒精濃度，將第一次釀出的酒過濾，再加原料與酒麴發酵，再過濾，如此反覆釀製而成。根據過濾的次數，釀出的就有三醞、五醞、七醞、九醞等。畫家倪瓚《倪雲林詩·醉後贈張德機》云「誰醒宜城竹葉青，竹枝空畫損精神。」亦有理學家劉因《靜修先生文集·飲江漢白》云：「聞道兵塵埋楚甸，一杯誰與洗愁顏。」考古發現，江西李渡元代燒酒作坊遺址是目前中國最具地方特色的白酒作坊遺址，距今有700年歷史。

除酒之外，長江中游地區有特色的食品還有荊州胎白魚、糖蟹，安州糟筍瓜、瓜豆豉等。其中白魚和安州糟筍瓜降至五代而其名不衰。

另外，唐代素食開始盛行。長江中游地區以豆製品最為有名。八方僧侶到瀏陽道吾山云游時，都要帶走當地的豆豉，遂湖南瀏陽豆豉名揚天下。唐玄宗元和年間（西元806-820年），湖南益陽白鹿寺住持廣慧發明佛乳（「金花腐乳」的前身），唐大中六年（西元852年）宰相裴休嘗後信筆手書「昔賢棲隱處，空留佛乳詩」，裴休後將「佛乳」攜入皇宮，皇帝嘗食，視為珍品，賜名「御乳」，後益陽各寺廟遂相

1　牟發松：《唐代長江中游的經濟與社會》，武漢大學出版社，1989年，第163頁。

繼仿製，嗣後其製作方法不脛而走，流傳民間。五代十國時期，長沙開福寺每年佛誕日，皆有免費素食供應。其中最有名的是一種「翻油豆腐」，將已炸的油豆腐劃個口子翻轉過來撒一點芝麻再炸一次；開齋時用大籮筐盛著，任赴齋者免費享用，深受喜愛。

第二節　茶文化的形成和發展

一、名茶輩出產量巨大

❶·名茶輩出

長江中游地區的茶葉生產在當地人們經濟生活中的地位極為重要，素以名茶品種多、質量優見稱於世。唐以前屬於今湖南地區的武陵、茶陵，屬於今湖北地區的荊州、夷陵、西陽（今黃岡縣東）、武昌、安州等地，都是有名的產茶區。及至唐代，我國茶葉產地的基本格局業已形成。據唐宋時期的文獻記載，唐五代兩宋時期長江中游產茶之州大致為：

屬於今湖北地區的有：荊、峽、襄、蘄、安、黃、鄂等州。

屬於今湖南地區的有：朗、岳、潭、衡、郴、邵等州。

屬於今江西地區的有：洪、江、饒、吉、袁、撫、虔等州。

唐人記載當時名茶最周備的要推李肇的《國史補》，書中列舉了當時飲譽全國的20餘種名茶，其中出自長江中游地區的即有九種，如湖北的峽州碧澗、明月、芳蕊、茱萸簝（liáo）、江陵南木、蘄門團黃；湖南的衡山、灉（yōng）湖含膏；江西的洪州西山白露等。

宋代長江中游地區的茶葉也有不少名品。《宋史·食貨志》記南宋初年的名品茶葉時列舉了六種，即「雪川顧渚生石上者謂之紫筍，毗陵之陽羨，紹興之日鑄，

婺源之謝源，隆興之黃龍、雙井，皆號絕品也。」黃龍、雙井產自江西分寧（今修水縣），其中以雙井茶最著名。此外，江西地區的名茶還有瑞州（今高安市）黃柏茶，廬山雲霧茶，洪州（今南昌）西山白露茶、鶴嶺茶、羅漢茶，建昌縣雲居山茶，宜春仰山稠平茶，鉛（yán）山縣雙港茶，虔州（今贛州）岕茶等。

據元代馬端臨《文獻通考》等文史資料記載，元代名茶計有40餘種。其中泥片產於虔州，綠英、金片產於袁州（今江西宜春），獨行、靈草、綠芽、片金、金茗產於潭州（今湖南長沙），大石枕產於江陵（今湖北江陵），大巴陵、小巴陵、開勝、開卷、小開卷、生黃翎毛產於岳州（今湖南岳陽），雙上綠芽、小大方產於澧州（今湖南澧縣），清口產於歸州（今湖北秭歸），雨前、雨後、楊梅、草子、岳麓產於荊湖（今湖北武昌至湖南長沙一帶）。

❷ · 茶葉產量巨大

長江中游地區不僅以名茶眾多著稱，更以產量巨大聞世。唐代的《元和郡縣圖志》卷二八饒州浮梁縣（屬今江西地區）條下記：「每歲出茶七百萬馱，稅十五餘萬貫。」據《百川學海》記載，自唐德宗建中年間（西元780-783年）開始稅茶，一直到唐武宗（西元841-846年在位）以前，全國茶稅總數約在四十萬貫到五十萬貫之間。取其均數四十五萬貫，則浮梁一縣當是全國茶稅的近三分之一。

鄂、湘兩地的茶葉產量也不少。唐宣宗大中年間（西元847-858年）成書的楊曄《膳夫經手錄》稱浮梁茶百倍於四川新安茶。後又說：「蘄州茶、鄂州茶、至德茶，已上三處出者，並方斤厚片，自陳蔡已北，幽並以南，人皆尚之。其濟生收藏榷稅，又倍於浮梁矣。」「衡州衡山，團餅而巨串，歲取十萬。自瀟湘達於五嶺，皆仰給焉。……交趾之人，亦常食之。」可見湖北、湖南產茶數量之大。宋代，長江中游的茶葉產量在全國依然領先。我們且不計淮南路等其他路中所包含的該地區產茶數，僅就江南西路、荊州南路、北路產茶量計算，宋紹興年間長江中游地區即占全國各路產茶總量的41.5%，宋乾道年間該地區占全國各路產茶總量的

40.8%。

二、茶在飲食生活中的地位

中國是世界上最早發現茶樹、利用茶葉和栽培茶樹的國家。《詩經》中有：「誰謂荼苦，其甘如薺。」這個「荼」字究系何種植物，至今仍有爭議。明確表示有茶名意義、並為史學家所公認的最早文字記載，是成書於西元前二○○年左右即秦漢年間的字書《爾雅》，書中有「檟，苦荼」。東漢許慎《說文解字》說：「茶，苦荼也。」中國從何時開始飲茶說法不一。目前，多數人認為，自漢代開始比較可考。因西漢王褒的《僮約》中有買茶、煮茶的文獻記載。毗鄰茶葉發祥地的長江中游地區享有「近水樓台先得月」之利，曹魏時成書的《廣雅》即稱「荊巴間採茶作餅」，將長江中游與上游並提。至遲在漢魏時期長江以上游至中游而至下游的沿岸，飲茶已成為了人們的習慣，不過那時所飲之茶大抵採自野生（當然並不排除人工種茶的可能），飲茶者還主要是上層人士、文人或隱逸方士，並且被視為南方特有的飲食習慣。

到了兩晉南北朝時期，各地產茶漸多，傳播日廣，飲茶已不再僅僅是為了提神、解渴，人們開始賦予茶以諸多的社會功能，如以茶待客、用茶祭祀、以茶養廉、以茶助興、以茶修身等，從而進入精神領域，儘管還沒有形成完整的茶藝和茶道，還不能稱之為一門專門的學問，但中國茶文化已見端倪。

自唐代始，飲茶之風迅速風靡全國，陸羽《茶經》稱飲茶「滂時浸俗，盛於國朝，兩都並荊俞間以為比屋之飲」。裴汶《茶述》也說「起於東晉，盛於今朝」。《封氏聞見記》也講，中原地區自鄒、齊、滄、隸以至京師，無不賣茶、飲茶。至此，中國茶文化的格局已經形成，茶已具有鮮明的文化色彩。如果說茶以文化面貌出現是在兩晉南北朝時期，那麼唐宋之際，中國茶文化的基本輪廓已成定局，中國茶道精神業已產生，亦即在吸收儒、釋、道三家文化精髓的基礎上而形成了茶文化。

▶圖5-3　景德鎮宋代青白釉碗（國家數字文化網全
國文化信息資源共享工程主站）

❶·名優茶深得上層社會青睞

由於長江中游地區有品種眾多、質量上乘的名茶，因此，鄂、湘、贛均有名
茶進貢宮廷，為皇族及達官們所享用，且為眾多的文人墨客所稱道。李白稱荊門
玉泉山的「仙人掌」茶能「還童振枯」。孔武仲在《招竹元珍嘗江州新茶》中稱讚
廬山雲霧茶能「煩襟得浣濯，兩目去昏花」。朱彧在《萍州可談》中說瑞州黃柏茶
「號絕品，士大夫頗以相餉」。這些都反映出士大夫階層對該地區茶葉的厚愛。

❷·大量低檔茶成為居民飲食生活的常備品

長江中游地區的茶葉貿易十分活躍，以滿足普通百姓的日常生活所需。敦煌
出土的《敦煌變文集·茶酒論》中描述，茶向酒自誇曰：「阿爾不聞道，浮梁歙
州（茶），萬國來求，……商客來求，舡車塞紹。」唐代的浮梁縣是商品茶的一個
大型集散地，每年有大量的茶葉從這裡船運至鄱陽縣，入鄱陽湖，出長江，轉輸中
原、關陝等北方州縣。唐憲宗元和十年（西元815年），白居易因事降職，左遷江州
司馬，寫下了《琵琶行》那首膾炙人口的名詩：「商人重利輕別離，前月浮梁買茶
去。」其次是浮梁茶在中原、西北的銷路好，是暢銷商品。楊曄《膳夫經手錄》中
講：「饒州浮梁（茶），今關西、山東閭閻村落皆吃之，累日不食猶得，不得一日無
茶也。其於濟人，百倍於蜀茶，然味不長於蜀茶。」說明，茶在當時人們生活中的
重要地位。

❸‧茶葉生產成為長江中游地區人民謀生的重要手段

史料表明，至遲在中唐以後長江流域有不少人以種茶為業。如《冊府元龜》記唐文宗時，有人稱：「江淮人什二三以茶為業。」與浮梁縣接境，且地理景觀也大致相同的歙州祁門縣，《全唐文》中稱：「山多而田少，水清而地沃，山宜植茗，高下無遺土，千里之內，業於茶者七八矣。由是給衣食，供賦役，悉恃此祁之茗。」浮梁業茶者之眾當不下於祁門。又鄂東南的蒲圻、唐年諸縣，北宋初年其民「唯以植茶為業」。專業茶農的大量出現還使唐代戶籍中出現了所謂「茶戶」或「園戶」。唐宋時期的茶葉生產及茶飲品、茶文化在長江中游地區人們的飲食生活中占有顯著地位。

三、「茶聖」陸羽與《茶經》

❶‧「茶聖」陸羽

陸羽（西元733-804年），字鴻漸，一名疾，字季疵，自稱桑苧翁，別號東岡子、竟陵子。唐復州竟陵（今湖北天門）人。

陸羽年輕時，唐代各地飲茶之風漸盛，他從二十二歲便開始茶事考察，北臨義陽（今河南信陽一帶），西遊巴山峽，沿途逢山駐馬採茶，遇泉下鞍品水，收集了大量有關茶的文史資料和實物標本。返回故鄉後，隱居東岡村，悉心整理資料。天寶十四年（西元755年），安史之亂爆發，陸羽隨著流亡的難民背井離鄉，先後流落江西、江蘇、浙江等地。在流亡途中不忘廣交朋友、考察茶事，並參加採茶、製茶的生產實踐。歷時數年，實地考察茶葉產地三十二州。上元元年（西元760年），陸羽游抵湖州（今浙江吳興縣），隱居苕溪，潛心研究和寫作。經過一年多努力，終於寫出了我國第一部茶學專著，即我國第一部茶文化專著，也即世界上第一部茶書——《茶經》的初稿。西元七六三年，安史之亂平定後，陸羽對《茶經》作了一次修訂。大曆九年（西元774年），借湖州刺史顏真卿修《韻海鏡源》之機，陸羽蒐

▶圖5-4 唐代陸羽《茶經》（當代印刷品）

集歷代茶事補充《七之事》，於大曆十年（西元775年）完成《茶經》的全部著作任務，前後歷時十餘載。五年後（西元780年）付梓出版。

　　陸羽廣交朋友、博聞多識，將儒、佛、道各家思想精華融於茶理之中。其中他所交結的詩人大多崇尚自然美，這對陸羽在《茶經》中創造美學意境，構成幽深清麗的思想與格調有很大影響。他應顏真卿之邀，參加編寫多達五百卷的《韻海鏡源》，這對陸羽加深理解儒理，在《茶經》中以中庸、和諧思想提升中國茶文化精神甚有助益。中國茶文化與佛教關係密切，陸羽也與僧人頗有緣分。陸羽的茶文化思想吸收了許多佛家原理。陸羽還有道士朋友，其中最著名的要數李冶（又名李秀蘭）。陸羽在《茶經》中，將道家八卦及陰陽五行之說融於其中。「大曆十人才子」之一的耿湋在《連句多暇贈陸三山人》中盛讚陸羽對茶學的貢獻：「一生為墨客，幾世作茶仙。」陸羽「茶仙」之名即由此來。因此，從某種意義上講，是這一僧一道一儒家一隱士共同創造了唐代茶道格局，而由陸羽總結歸納著就了百世不朽的《茶經》。

　　❷·陸羽的《茶經》

　　陸羽的《茶經》，是一部關於茶葉生產的源流、技術、飲茶技藝及茶道原理的綜合性論著。《茶經》一書分上、中、下三卷，共十章，約七千餘字。卷上包括一

◀圖5-5　宋元時期青釉蓮瓣紋瓷
　　　　碗，湖南龍泉窯出土

之源、二之具和三之造，卷中包括四之器，卷下包括五之煮、六之飲、七之事、八之出、九之略和十之圖。

　　一之源，闡述了茶的發源地，茶樹的自然生長、種植方法及所處的土壤、生態環境等與茶品質的關係，以及茶的性味功能等。

　　二之具，闡述了茶民在採茶、製茶勞動中較普遍使用的15種工具的樣式、規格、材料以及使用方法等。陸羽介紹的工具有：籝、灶、釜、甑、杵臼、規、簷、焙、貫等。

　　三之造，介紹了採茶、製茶中的採、蒸、搗、拍、焙、穿、封等七道工序。

　　四之器，陸羽總結了前人的煮茶、飲茶用具，開列了風爐、筥、炭檛（zhuā）、火莢、鍑、交床、夾、紙囊、碾、拂末、羅合、則、水方、漉水囊、瓢、竹夾、鹺（cuó）簋、揭、熟盂、碗、畚、扎、滌方、滓方、巾、具列、都籃等20多種專門器具，介紹了它們的形狀、規格、作用、使用方法，以及製作這些器物所用的材料和要求等，指出了煮茶、飲茶的正確方法及原則。文中還評述了唐代各地瓷茶器的優劣和特點。這是中國茶具發展史上最早、最完整的記錄。

　　五之煮，煮茶即烹茶。進一步闡述炙茶、煮茶、選擇用水、用薪以及酌茶、飲茶等各個環節的要領和原理，並提出了品評茶所依據的色、香、味的標準。

　　六之飲，講的是飲茶的方法，茶品鑑賞。

　　七之事，記載了古代茶事47則，援引書目達45種，記載中唐以前的歷史人物30

▶圖5-6　唐代釉下彩繪瓷水盂，湖南省長沙縣出
土（國家數字文化網全國文化信息資源
共享工程主站）

多人。記述了自神農至唐代徐勣（jì）為止一系列嗜好飲茶的名人和故事，從而具體地描繪了我國飲茶的歷史，同時也述及飲茶對社會風尚的影響和健身、醫療上的功效。

　　八之出，詳記當時產茶盛地，並品評其高下位次，把唐代茶葉產地分成八大茶區，對自己不甚明了的11州產茶之地亦如實注出。《茶經》將當時全國42州1郡分成八大茶區：山南地區、淮南地區、浙西茶區、劍南茶區、浙東茶區、黔中茶區、江西茶區、嶺南茶區。其中涉及長江中游地區的有今湖北、湖南、江西、河南等省。

　　九之略，是講飲茶器具何種情況下應十分完備，何種情況下可以省略。如當野外採薪煮茶時，火爐、交床等不必講究；臨泉汲水可省去若干盛水之器。但在「城邑之中，王公之門」的正式茶宴上則須一絲不苟：「二十四器闕一，則茶廢矣。」

　　十之圖，指出要將《茶經》的各項內容繪成圖，張掛座前，指導茶的產、製、烹、飲。讓茶人們喝著茶，看著圖，品茶之味，明茶之理，神爽目悅。

　　《茶經》是中國茶文化的里程碑，它對中國飲食文化的貢獻是多方面的：

　　首先，《茶經》內容豐富，按現代科學來劃分，涉及植物學、農藝學、生態學、藥理學、水文學、民俗學、訓詁學、史學、文學、地理學以及鑄造、製陶等多方面的知識，其中還輯錄了現已失傳的某些珍貴典籍片段。所以，《茶經》堪稱「茶學百科全書」。

其次，《茶經》首次把飲茶當作一種藝術過程來看待，首次將「精神」二字貫穿於茶事之中。創造了從烤茶、選水、煮茶、列具、品飲這一套中國茶藝，將美學意境貫穿其中。強調茶人的品格和思想情操，把飲茶當作進行自我修養、鍛鍊志向、陶冶情操的方法。將物質與精神、飲茶與文化有機地結合起來了。在統一製茶和飲茶器具方面，陸羽功不可沒。他對製茶工具和飲茶器皿的設計和製作，進一步完善了製茶法和飲茶法。陸羽《茶經》「煮茶法」的確立，是中國茶歷史中劃時代的革新，對唐代和後代飲茶方法產生了很大的影響。飲茶器具的製作，不僅專門化、系統化、規範化了飲茶法，而且體現了陸羽的實用精神和他的審美觀。陸羽把著眼點放在器皿的設計和製作上，最大程度地體現了茶的本性，提高了茶湯品質，達到了高雅的藝術境界。這些飲茶器皿不僅昇華了唐代飲茶文化，而且還促進了後世茶文化的發展。陸羽《茶經》中提倡的「煮茶法」與唐代以前飲茶法相比，已獲得了長足的進步，他重點強調了幾個方面的問題：煮茶時須注重燃料、火候、水質；要求飲茶器皿的完整；按「三沸論」的方法煮茶；品味和飲茶時茶湯要適量；不添加損傷茶本味的其他作料，提倡「清飲法」。這些都是決定茶湯品質的重要內容。陸羽主張的飲茶法旨在最大程度地體現茶性，鑑賞茶的固有色澤和香氣，求其本味。陸羽的飲茶法在當時不僅受到士大夫的推崇，而且貴族甚至皇帝也非常喜歡，並廣泛傳播到社會各個階層中，成為他們重新認識茶的契機。[1]

再次，陸羽總結提煉出茶的精神屬性和文化屬性，《茶經》首次將我國儒、道、佛三家的思想文化與飲茶過程融為一體，首創了中國的茶道精神，構建了中國茶文化的基本格局和文化精神。陸羽以「精行儉德」為茶道精神的宗旨。「一之源」中記錄的「茶之為用，味至寒，為飲，最宜精行儉德之人」中的核心「精」和「儉」，正是象徵著茶的特性和人的品性。《茶經》的「源」「造」「煮」「飲」「略」等中提到的「精」包含精細、精心、精華、精工等多種含義。「精」意味茶本性的同時，也指體現茶特性所需的人們虔誠的心靈和行為。陸羽特別強調了清廉、節制、勤儉

1　金珍淑：《關於陸羽〈茶經〉中飲茶觀點的研究》，浙江大學博士論文，2005年5月，第1-146頁。

節約的樸素精神，提倡在日常生活及文化中，藉助茶來修行積德，以完善人性。「精行儉德」精神對當時的文人產生了很大的影響，形成了通過品茶來培養雅志和品德的風氣。

《茶經》是對整個中唐以前茶文化發展的一次系統總結，陸羽從大量的飲茶現象中找出規律，並使之系統化、理論化，對後世產生了巨大的影響，很多內容至今仍具有研究和指導實踐的重要價值。《茶經》從根本上推動了飲茶風氣在全國的形成，從而確立了茶文化在中國的地位。

《茶經》問世一千二百多年來廣為流傳，至今國內外流傳的《茶經》版本有百種之多。陸羽因此被譽為「茶仙」「茶神」「茶聖」。《茶經》的歷史功績不朽，陸羽對茶文化的貢獻將永垂青史。

第三節　士大夫與江南「義門」大戶的飲食生活

一、文人輩出與士大夫飲食文化的興起

在中國歷史上，由於人們所處的政治、經濟、文化地位的不同，構成了飲食的層次性和等級差別。根據人們在飲食文化中所處的地位，我們大致可以將人們的飲食生活分為果腹層、小康層、富家層、貴族層和宮廷層五個社會等級層次。[1]而中國歷史上鄉村農民飲食、普通市民飲食、士大夫飲食、「衍聖公府」飲食、清宮御膳可分別作為五個飲食文化層的代表。其中，唐代以降，產生的士大夫飲食是富家飲食層的代表，最能體現中國古代飲食文化的品位和精髓。

南北朝以前「士大夫」指中上層貴族，隋唐以後隨著庶族出身的知識分子走上政治舞台，這個詞便逐漸成為一般知識分子的代稱。唐代士大夫的飲食生活仍有古

1　趙榮光：《中國飲食史論》，黑龍江科學技術出版社，1990年，第45-55頁。

◀圖5-7　唐代銀匙，江西南昌出土

◀圖5-8　南宋銀箸，江西安樂出土

風，比較注重大魚大肉，狂吃濫飲。如李白《將進酒》中的「烹牛宰羊且為樂，會須一飲三百杯」，杜甫《醉為馬墜諸公攜酒相看》的「酒肉如山又一時，初筵哀絲動豪竹」，飲食生活是簡單而豪放的。中唐以後，隨著士大夫對閒適生活的渴求，開始產生對高雅飲食生活的嚮往。

宋代是士大夫數量猛增和士大夫意識轉變的時代。宋及以後的士大夫更加關注自己內心世界的諧調，精力專注於生活的細節，以此寄託其用舍行藏的政治態度和曠放超脫的人生理想，這一時期，飲食生活也變成士大夫的「熱門話題」。自宋代始，士大夫開啟了關注飲食的風氣，受到了各代文人的承襲，並形成了有別於皇室貴族和市井的獨特的士大夫飲食文化。

隋唐宋元時期，長江中游地區文化名流輩出，孟浩然、杜甫、陸羽、皮日休、王安石、歐陽修、文天祥、朱熹、曾鞏、黃庭堅、周敦頤等均為本地區籍人士，張九齡、李白、杜牧、蘇軾、柳宗元、范仲淹、陸九淵等眾多名士也曾在本地區為官或客居。可以說，這一時期長江中游地區已形成了一個人數可觀的士大夫階層。在飲食文化方面，由於蘇軾、黃庭堅、朱熹等人的飲食實踐與倡導，士大夫飲食漸成風格。

二、士大夫飲食文化的特點

❶・追求飲食藝術，格調雅緻

士大夫們有較高的文化修養，敏銳的審美感受，追求豐富的精神生活。在飲食生活中，摒棄王公貴族飲食生活中的奢侈豪華的風氣，令飲食顯得清閒雅緻，質樸宜人，使飲食顯示出淡雅素淨的文化色彩，這是中國飲食文化史上的一次昇華。在人類飲食史上，從食不果腹到豐衣足食是一次進步，從粗茶淡飯到大魚大肉、肥油厚脂是一次進步，而從過食葷腥到追求淡雅素淨則又是一次昇華。士人飲宴追求的雅趣與情調，除了平常的家宴以外，還有野宴、舟宴、夜宴等，從當時的詩中可得到證明。李白留連於洞庭湖，寫下了「白鷗閒不去，爭拂酒宴飛」的名句；王昌齡的《龍標野宴》：「沅溪夏晚足涼風，春酒相攜就竹叢。莫道絃歌愁遠謫，青山明月不曾空。」反映了詩人參加湘西山區野宴的愉快情景。李群玉《長沙陪裴大夫夜宴》：「東山夜宴酒成河，銀燭熒煌照綺羅。四面雨聲籠笑語，滿堂香氣泛笙歌。」蔣肱的《永州陪鄭太守登舟夜宴席上各賦詩》：「月凝蘭棹輕風起，妓勸金罍盡醉斟。剪盡蠟紅人未覺，歸時城郭曉煙深。」等都體現了夜宴時的歡暢。水漾舟行，聲樂高奏，把酒吟詩，間有紅顏佐酒，是當時士人夜生活中特有的高雅舉動。

❷・注重蔬食

注重蔬食或素食是宋代士大夫飲食生活中的一個重要特點。士大夫注重素食有兩個不同於貴族或宗教人士食素之點：一是士大夫追求素食但一般不拒絕食葷，二是把食素當作一種樂趣。

宋代，長江中游地區名士之中以號召食素著稱的大有人在，黃庭堅、朱熹，以及被貶到湖北黃州作團練副使的蘇東坡就是代表。黃庭堅，分寧人，與蘇軾齊名，世稱「蘇黃」。喜愛蔬食的黃庭堅寫有《食筍十韻》《次韻子瞻春菜》等詩，並把蔬食提高到修身和從政的高度。宋代大理學家，江西婺源人朱熹說：「吃菜根百事可作。」朱熹的《次劉秀野蔬食十三詩韻》（包括詠「乳餅」「新筍」「紫蕈」「子薑」

「菱筍」「蒔（hàn）菜」「木耳」「蘿蔔」「芋魁」「筍脯」「豆腐」「南薺」「白蕈」）充分表達了詩人對於蔬食的喜愛。

　　宋代聲名卓著的大文豪蘇軾被貶黃州後。沒有住房、官俸銳減，一家數口生活大不易。黃州太守景仰蘇軾才學，幫他安頓了住房。蘇軾又向太守乞得一塊營房廢地，生產自救，自食其力，並作《後杞菊賦》自嘲其過著「春食苗，夏食葉，秋食花實而冬食根」的生活。這塊地在黃州城東緩坡上，故自號「東坡居士」。蘇軾靠著節儉、勤勞，量入為出度過了黃州四年的貶謫生活。當然，即使如此，他的生活水平也高於窮苦的百姓，在這裡他煮「東坡羹」，做「東坡肉」，釀「東坡酒」，更撰「東坡長短句」，著有《老饕賦》《菜羹賦》等文章，借飲食譏諷時政。

　　唐宋以後，素食進入市肆、民間，素食在市井流布，俗人食素的增多和素菜的漸成氣候，可以說是與士大夫的大力提倡分不開的。

　　❸·主張節制、不重奢華

　　黃庭堅認為士大夫的飲食應該有所規範、有所節制、崇尚簡樸。他在所著的《士大夫食時五觀》之《序》中說：「古者男子有飲食之教，在《鄉黨》《曲禮》，而

▲圖5-10 宋代微刻的「醉翁亭記」銀牌（江西省博物館）

士大夫臨樽俎則忘之矣。故約釋氏法，作《士君子食時五觀》。」「五觀」是指：第一，「計功多少，量彼來處」，作者認為，田家耕作勞苦，一粥一飯皆來之不易。「何況屠割生靈，為己滋味。一人之食，十人作勞。家居則食父祖，心力所營，雖是己財，亦承餘慶。仕宦則食民之膏血，大不可言。」第二，「忖己德行，全缺應供」。只有「事親」「事君」「立身」之人才可「盡味」，否則不應追求美味。第三，「防心離過貪嗔痴為宗」。從修身養性出發，須防止「三過」。「三過」是指「美食則貪」「惡食則嗔」和「終日食而不知食之所以來」。第四，「正是良藥，為療苦形」。「五穀」「五蔬」養人，魚肉養老。飲食只有得其正道才有益，否則即有害。主張「舉箸常如服藥」。第五，「為成道業，故受此食」。蘇軾也作有《節飲食說》，主張對飲食要有所節制：「東坡居士自今日以往，早晚飲食，不過一爵一肉。有尊客盛饌，則三之，可損不可增。有召我者，預以此告之，主人不從而過是，吾及是乃止。一曰安分以養福，二曰寬胃以養氣，三曰省費以養財。」他不僅自己節食，而且要求朋友宴請自己也這樣做，否則便不赴宴，足見其對節制飲食的重視。他們主張飲食應節儉、不要縱慾任性的飲食觀念對後世士大夫產生了很大影響。

　　蘇東坡那種不求奢華只求質樸舒適，化俗為雅的飲食態度及大雅若俗之境界在

《豬肉頌》中表現得淋漓盡致：「淨洗鐺，少著水，柴頭罨（yǎn）煙焰不起。待他自熟莫催他，火候足時他自美。黃州好豬肉，價賤如泥土。貴者不肯吃，貧者不解煮。早晨起來打兩碗，飽得自家君莫管。」一種極普通的，富人嫌檔次低不吃，窮人又做不好的豬肉，到了他的手裡竟變得如此有情趣和有滋有味，以至成為後人傳頌的「東坡肉」名肴歷九百年而不衰。

三、江南「義門」大家族的飲食生活

在中國歷史上，在儒家倫理觀念的指導下，許多大家族累世同居，被朝廷奉為社會楷模，賜為「義門」。這些同財共居的所謂「義門」，其明顯的特徵是大家族，人口多，廣有田產，家法嚴肅，受到朝廷褒獎，綿延時間長。

❶·一家千口的江南大戶

宋代長江中游地區存在著不少大家庭。僅自《宋史·孝義傳》中，就可查到江西有八大家族。他們是許祚，江州德化人，八世同居，長幼七百八十一口；李琳，信州人，十五世同居；俞雋，信州人，八世同居；胡仲堯，洪州奉新人，累世聚

◀圖5-11 南宋鏨刻雙魚紋銀盤（江西省博物館）

居，致數百口。構學舍於華林山別墅。聚書萬卷，大設廚廩，以延四方游之士；陳兢，江州德安人，「義門」陳氏之後。當其父輩時代，已是十三世同居，長幼七百口。其侄旭為家長時，全家千口；洪文撫，南康軍建昌人，六世義居，室無異爨。就所居雷湖北創書店，招徠學者；瞿肅，建昌軍人，宋真宗時其家百五十口，四世同居；顏詡，吉州永新人，一門千指，家法嚴肅，男女異序，少長輯睦，衣架無主，廚饌不異。

《孝義傳》所錄家族僅僅只是一部分，實際當不止此數。如金溪陸氏，到了理學家陸九淵時代，已是「食指以千數」。

最典型的是江州德安縣「義門」陳氏家庭，宋仁宗天聖元年（西元1023年）已是「聚居二百年，食口二千」。

這些「義門」大戶的飲食水平不盡一致，有的較富足，如胡仲堯家，「淳化中（西元990-994年），州境旱歉，仲堯發廩減市直以賑饑民，又以私財造南津橋」。[1]有的較一般，如陳兢家，淳化元年（西元990年），江州知州康戩奏報說陳兢家食不足，「詔本州每歲貸粟二千石」。但他們的整體水平處在當時的小康線上下。富裕的家族生活水平高一些，可以雞鴨魚肉酒常年不斷，飲食之外還有結餘；貧寒一些的家庭僅夠果腹而已。在家族內，飲食水平也存在差異，普通成員比家長、有功名者等特殊成員的生活水準明顯要低一些。

❷·江州德安「義門」陳家的飲食生活

「江州義門陳」，時居今江西九江德安縣車輅鎮義門陳村，唐時為江州府德安縣太平鄉常樂裡艾草坪。唐中和四年（西元884年）唐僖宗賜為「義門」。被唐宋兩朝譽為「真良之家」「孝義之家」，是一個效忠於朝廷的和諧家族典範。自西元七三一年至西元一〇六三年，「江州義門陳氏」合聚333年，同住一地15代，人口3900人。如此龐大的家族，實施「德法兼治，恩威並施」的治家方略，產生了家法

1　脱脱等：《宋史·孝義傳》，中華書局，1985年。

第五章　隋唐宋元時期的茶文化及士大夫文化

「三十三條」。

　　「江州義門陳氏」家族管理甚嚴，男耕女織，分工明確，男有「日出而作，日落而歸」的耕作群體，女有「都蠶院」式的養蠶織布作坊。其飲食生活也頗有獨特之處。其一，全家庭的飯菜茶水，由八名年輕媳婦炊煮，她們「不限日月，迎娶新婦則以次替之」。婦女主持中饋家中供膳諸事是中國古代的傳統。其二，全家千口同食一鍋飯。「家法」中規定，每日三餐茶飯，男女分坐，作兩批進食。男子15-40歲的先吃，以利及時勞作；家長以及40歲以上的人同坐後吃，「以其閒緩」。這種安排，照顧到農耕需要，沒有強調尊長居前的禮節。逢年節，全體於「大廳同坐」。飲食標準：除一般茶飯之外，尊長平日均備好酒，「任便取給」；諸房老病者，每月給食油一斤，茶鹽適量——可以另做治療食品；參加農耕的男子，每五夜一會，給「酒一瓷甌，所以勞其勤者」。其三，陳氏生活消費品的分配原則是人各一份，相對平均。不過，見人一份的低標準檔次的衣食供應，只是為普通成員而設的。而那些家庭大權在握的領導成員是不會這樣的。正如家譜中所反映的，他們出門有車馬，新酒對客開，坐上多官貴，優游禮樂中。取得功名及任職官的成員則更是自不待言了。

亮點書系・中國文化通史 A1002009

中國飲食文化史・長江中游地區卷　上冊

主　　編　趙榮光

版權策畫　李　鋒

責任編輯　楊婉慈

發 行 人　陳滿銘

總 經 理　梁錦興

總 編 輯　陳滿銘

副總編輯　張晏瑞

編 輯 所　萬卷樓圖書股份有限公司

　　臺北市羅斯福路二段 41 號 6 樓之 3

　　電話　(02)23216565

　　傳真　(02)23218698

出　　版　昌明文化有限公司

桃園市龜山區中原街 32 號

電話　(02)23216565

發　　行　萬卷樓圖書股份有限公司

臺北市羅斯福路二段 41 號 6 樓之 3

電話　(02)23216565

傳真　(02)23218698

電郵　SERVICE@WANJUAN.COM.TW

大陸經銷

廈門外圖臺灣書店有限公司

　　電郵　JKB188@188.COM

ISBN 978-986-496-146-7

2018 年 1 月初版

定價：新臺幣 380 元

如何購買本書：

1. 劃撥購書，請透過以下郵政劃撥帳號：

　　帳號：15624015

　　戶名：萬卷樓圖書股份有限公司

2. 轉帳購書，請透過以下帳戶

　　合作金庫銀行　古亭分行

　　戶名：萬卷樓圖書股份有限公司

　　帳號：0877717092596

3. 網路購書，請透過萬卷樓網站

　　網址　WWW.WANJUAN.COM.TW

大量購書，請直接聯繫我們，將有專人為您

服務。客服：(02)23216565　分機 610

如有缺頁、破損或裝訂錯誤，請寄回更換

國家圖書館出版品預行編目資料

中國飲食文化史. 長江中游地區卷 ／ 趙榮光

著.-- 初版.-- 桃園市：昌明文化出版；臺北

市：萬卷樓發行, 2018.01

　　冊；　　公分

ISBN 978-986-496-146-7(上冊：平裝).--

1.飲食風俗　2.中國

538.782　　　　　　　　　　　　107001751

本著作物經廈門墨客知識產權代理有限公司代理，由中國輕工業出版社授權萬卷樓圖
書股份有限公司出版、發行中文繁體字版版權。